AF475779

AVIS AU RELIEUR

Les relieurs sont instamment priés de NE PAS ROGNER LES MARGES de ce livre et de se contenter de les ÉBARBER ; car leur dimension a été calculée avec le plus grand soin, de façon que, servant de cadres aux gravures, elles leur donnassent tout le relief possible.

L'HÔTEL

DES HARICOTS

PARIS. — IMPRIMERIE VALLÉE, 15, RUE BREDA.

Encres typographiques de BRÉHAM

LIBRAIRE DE LA SOCIÉTÉ DES GENS DE LETTRES

Palais-Royal, 17 et 19, galerie d'Orléans

(Maison d'arrêt de la garde nationale.)

LA PRISON

Le mot *prison* — par lequel on désigne le lieu où l'on est pris — n'est pas un mot doux. On aurait beau l'assaisonner des adjectifs les plus émollients, y passer le vernis des épithètes les plus suaves, on n'arriverait pas à le faire entrer sans crier dans le vocabulaire de la garde nationale. La langue française, avec toute la politesse qui la distingue, n'aurait point de correctifs capables d'atténuer l'horreur d'une appellation qui a servi si longtemps à la Bastille.

Geôle est atroce aux oreilles sensibles; il semble que ce vocable, particulier au jargon des faiseurs de drames, rende un son de verroux et de trousseaux de clefs.

Cachot ne plairait guère pour rappeler trop vivement les émotions les plus désagréables de la vie de collége.

Il fallait pourtant trouver un terme à la fois énergique et poli par lequel on désignât le lieu de pénitence où messieurs les gardes nationaux délinquants s'en iraient méditer sur les inconvénients de l'insubordination. C'était un joli problème, et je ne pourrais dire à quel philologue revient l'honneur de l'avoir résolu. Mais n'est-il pas tout à fait intelligent d'avoir imaginé l'expression : *Maison d'arrêt,* laquelle, comme toutes les périphrases, a ce je ne sais quoi de vague, d'indéfini, d'estompé qui dissimule un peu l'horreur du sens qu'elle renferme.

***

Car, après tout, les mots ont une telle magie qu'ils changent la valeur des choses et même celle des personnes auxquelles ils s'appliquent. Prenez une bouteille de ce vitriol particulier que produisent les coteaux d'Argenteuil, et écrivez dessus le beau nom de Chambertin. C'est là un procédé de restaurateur; il n'en est pas moins vrai que vous aurez adouci par une illusion l'aigreur du breuvage, ni plus ni moins que si vous y aviez infiltré un peu de sirop aromatisé. Les bateleurs qui s'intitulent « artistes dramatiques » prennent toujours quelques âmes naïves à cette étiquette, et épousent quelquefois la fille de l'aubergiste auquel ils doivent de l'argent. Il y a bien des voleurs déguisés en « agents d'affaires », et qui, ainsi classés dans la société qu'ils grugent, deviennent presque supportables..... Ces exemples sont, à coup sûr, excessifs; mais au moins prouvent-ils qu'en ce monde imparfait l'apparence sauve la réalité, et que le sac n'est rien sans l'étiquette.

Beaucoup d'honnêtes gens se trouveraient outragés d'être mis en prison; ils ne sont que vexés de passer quelques jours dans une « maison d'arrêt »; les mêmes personnes délicates se croiraient moins malades dans une maison de santé que dans un hôpital.

*
* *

« Maison d'arrêt » soit!... Cependant le Parisien, essentiellement argotier, le Parisien, né le plus malin entre tous les Français, le Parisien dont le charbon gouailleur illustrerait de balivernes la muraille de la Chine, le Parisien est passé par là et, d'un tour de main, il a retouché l'écriteau officiel. Maintenant il faut lire : *Hôtel des Haricots*... en aspirant ou en n'aspirant pas les H; (affaire de poumons.)

Voilà qui est bizarre! car il est clair que, hors le cas d'une halle aux légumes, on n'invente pas du premier coup et à soi tout seul : *Hôtel des Haricots*.

*
* *

Nous avons bien des étymologistes à tout expliquer, comme il y a des bonnes à tout faire. Mais ce sont de grands gâte-métier qu'il faut se garder d'aller querir dans les cas difficiles. On les a vus manœuvrer; n'avaient-ils pas inventé de faire dériver *cheval* du grec ἵππος? Rien de plus simple! on changeait ἱπ en *che*, et πος en *val*, et le tour était joué. Avec un peu d'habitude on en ferait autant. Exemple . à la place de *maison*, vous écrivez *Hôtel*, et quant à *d'arrêt*, au moyen d'une légère modification, vous en faites : *des Haricots*..... Ce sont là jeux de savants.

⁂

Il existe, il est vrai, des gens d'un caractère peu enclin à la fantaisie, qui préfèreraient cette étymologie : le colonel Darricaud, dont les épaulettes brillaient sous le premier empire, était le plus inflexible des colonels de la garde nationale. La boîte de pierre où il aimait à collectionner des miliciens insoumis, ne tarda pas à s'appeler de son nom comme s'il l'avait inventée. Vous devinez le reste.......... En prononçant « Hôtel Darricaud » avec un certain tortillement de bouche, on obtint : *Hôtel des Haricots.*

Cela parut si niais, que cela fut trouvé charmant. Car, il faut bien en convenir, en ce beau pays où l'humaine raison porte fleurs et fruits, sous ce doux climat où les bons mots éclatent dans l'air comme des pétards de feu d'artifice, rien ne nous réjouit tant que la sottise. Nous avons des fadaises classiques, des sornettes passées proverbes, tout un répertoire d'inepties qui nous ravissent et nous donnent des extases.

Ne pourrait-on pas dire que le peuple parisien est le seul qui ait assez d'esprit pour se risquer à dire exprès des bêtises?

.·.

Aimez-vous mieux cette autre version ? elle s'appuye sur des considérations historiques.

En effet, il y a une quinzaine d'années on voyait sur la place du Panthéon un bâtiment d'aspect sinistre ; — là justement où l'on a bâti depuis la bibliothèque Sainte-Geneviève avec un parti pris de coquetterie si marqué. — C'était une grande carcasse de pierre qui avait ce je ne sais quoi de dénudé, de sec et de froid, particulier aux épaves antédiluviennes. Les murs d'ailleurs effondrés, en étaient si noirs, qu'ils semblaient porter leur propre deuil. Quant aux fenêtres de cette demeure austère, elles ne laissaient pénétrer le soleil qu'avec défiance. Enfin, dernier signe de vétusté, les giroflées sauvages s'étaient emparé des toits, des cheminées, des gouttières et y avaient improvisé un jardin.

Cette maison sombre — je vous parle de longtemps — était, en effet, un lieu d'étude et de pieuses méditations. On l'appelait le collége Montaigu, et par sobriquet : le collége *des Haricots* — allusion à la maigre cuisine qu'on y faisait, car le jeûne y était en permanence, et les écoliers ne pouvaient se livrer qu'à des orgies de grec et de latin.

La preuve de ceci se trouve dans Rabelais, au ch: XXXVII du livre Ier de *Gargantua*. Elle éclate aussi en ces vers, que nous reproduisons plutôt à titre de document que de pièce littéraire :

Dans les festins où l'abondance
Prodigue les mets délicats,
On n'a jamais vanté, je pense,
La frugalité des repas :
A l'usage ici je déroge,
Bien assuré, bien convaincu
Qu'on peut citer avec éloge
Les Haricots *de Montaigu.*

Qu'importe qu'on ait à la ronde
Ri de nos banquets! Je soutiens
Qu'il n'est pas donné dans le monde
D'avoir à la fois tous les biens.
Si le corps faisait abstinence,
L'esprit avait du superflu,
Honneur, gloire et reconnaissance
Aux Haricots *de Montaigu!*

Le collége *des Haricots* fut supprimé en 1792, et ses bâtiments servirent de prison militaire et de prison de la garde nationale pendant la révolution.

On prit tout de suite le pli de dire « prison des Haricots. »

*
* *

L'habitude est de violenter le lecteur, de lui imposer ses caprices, de lui enjoindre par écrit d'avoir à croire ceci ou cela, de le supposer inerte, et de lui pétrir la cervelle jusqu'à complète soumission.

Le lecteur vous laisse aller pendant quelque temps et ne fait mine de rien; mais tout d'un coup il plante là l'écrivain et allume son cigare avec les pages du livre. C'est sa moindre vengeance.

Ce que sachant, nous avons résolu d'être coulant. Voilà trois étymologies à choisir : vous pouvez vous arrêter à celle-ci, à celle-là ou à cette autre, suivant votre humeur d'aujourd'hui. Il vous est même permis d'en forger une tout exprès pour votre usage, à la condition que vous ne me l'imposiez pas plus que je ne vous contrains à admettre les miennes.

*
* *

Après la Révolution, la « prison des Haricots » fut transférée rue des Fossés Saint-Bernard, à l'hôtel de Bazancourt. Ce ne fut point un lieu de ténèbres d'où il ne sortait que des cris et des grincements de dents. Le régime de la nouvelle prison était un peu celui de l'abbaye de Thélême; on y trinquait si fort qu'on y cassait les verres; on y chantait si haut que les passants s'attroupaient, ébahis, devant la porte, comme ils font aujourd'hui dans les rues à cafés-concerts.

*
* *

Ce qu'il est utile de noter, c'est que les murs de cette maison tapageuse avaient été transformés en pages d'album où chacun exhalait son humeur. « L'hôtel de Bazancourt, dit un auteur, ne présente rien dans sa configuration extérieure ou intérieure qui ait vraiment droit à une mention. Une seule particularité me frappa dans la visite que je fus admis à faire des cellules. C'est l'innombrable variété d'inscriptions, tant en prose qu'en vers, qui revêtent les murs et font de cette prison, dirait un poëte, un gigantesque album de pierre. Du reste les arts se sont également donné rendez-vous à l'hôtel Bazancourt; j'y ai vu plus d'un dessin au crayon que Susse ou Giroux payeraient avec de l'or; et nul doute que Troupenas ou Bernard-Latte n'éditassent très-volontiers deux ou trois charmantes mélodies au-dessous desquelles j'ai lu des noms justement populaires. »

*
* *

Au mois d'octobre 1837, la prison des Haricots, passée à l'ancienneté au grade d'*Hôtel* des Haricots, fut démolie, et le terrain qu'elle occupait donné à l'Entrepôt des vins.

Cependant ne croyez pas que l'institution en fut abolie. Avant de mettre la pioche dans l'hôtel Bazancourt, on avait eu la précaution de poser des verroux aux portes et des barreaux aux fenêtres d'une maison située entre la gare d'Orléans et la Seine.

C'est l'histoire de ce troisième Hôtel des Haricots que nous tentons ici. Nous la prenons à son commencement, et la menons jusqu'à aujourd'hui; c'est-à-dire jusqu'au moment où la maison d'arrêt de la garde nationale se trouve transférée au nº 5 de la rue de Boulainvilliers, en face du pont de Grenelle.

*
* *

Mais il est plus que temps d'aller faire un tour à l'Hôtel des Haricots; car les ingénieurs de la compagnie d'Orléans vont s'en emparer demain, ce qui veut dire qu'après-demain ils en auront fait un monceau de décombres.

Venez... c'est une promenade excellente pour la santé; quelque chose comme deux lieues en remontant la Seine.

L'important est de n'avoir pas pour guides messieurs les recors, dont les mains, en forme de piéges à loup ne lâchent point leur proie. Or, l'auteur de ces lignes ne prétend pas employer la force pour vous entraîner; il serait même fier si, par un excès d'indulgence peu méritée, on daignait lui accorder qu'il a usé de persuasion.

Nous suivons les quais. — Je vous épargne la description des monuments. — Vous en êtes reconnaissant. — Nous passons devant la morgue, une prison! prison sinistre de laquelle, hélas! on ne s'évade jamais.

Un nuage sombre vous traverse l'esprit.

Je vous fais doubler le pas.

Plus nous marchons, moins Paris ressemble à lui-même; les maisons se font petites, les horizons se font larges. Ce n'est déjà plus la grande ville où toutes les fièvres morales sont en permanence. Les indigènes que nous rencontrons se prélassent doucement à l'ombre ou au soleil — suivant la saison. — Ils ont ces mines fleuries des sybarites de province qui errent à la journée sous les arbres de « l'esplanade ».

Nous avons voulu nous promener, et c'est comme si nous avions voyagé; car nous voilà tout dépaysé... Bien sûr, nous approchons de cette terre d'exil choisie par la garde nationale pour reléguer ses enfants prodigues.

Ah! voici un enclos hermétiquement fermé par des grilles. A l'intérieur se promènent des hommes en uniforme, qui ont l'air de surveiller de petites maisons de bois. Ce sont peut-être des geôliers qui inspectent les cabanons de malheureux détenus...

— Quelle idée! c'est la Halle aux vins... Et ces tonneaux amoncelés en pyramides, vous ne les avez donc pas vus? Ce ne sont pas là les joujoux que l'on confie à des hommes en pénitence.

Le paysage devient de plus en plus désert. Cependant quelques empreintes de pieds humains, que nous constatons sur le macadam, nous porteraient à croire que le pays est habité.

Le quai s'allonge, s'allonge, s'allonge... La ligne droite qu'il suit obstinément est cette ligne droite tant chérie des architectes, et sur laquelle ils modèlent indistinctement une rue ou un corridor d'auberge.

A droite et à gauche sont des arbres alignés avec une rectitude militaire. Ils servent à donner de l'ombre à quelques douaniers indolents.

Marchons toujours ; nous approchons.

*
* *

Pour le coup, voici un jardin entouré d'une grille à travers les barreaux de laquelle on aperçoit même des silhouettes de reclus.

— Pardon ! c'est le Jardin des Plantes, ainsi nommé à cause des nombreux animaux qu'on y tient renfermés.

*
* *

Mais nous voilà arrivés à un carrefour.

Veuillez obliquer un peu à droite, puis prendre cette rue qui s'appelle : rue de la Gare (je n'ai pas besoin de vous dire pourquoi). Nous passons devant trois boutiques insignifiantes; puis nous avons à notre gauche un grand mur que nous longeons jusqu'à une porte cochère surmontée d'un drapeau... C'est là !

*
* *

Nous entrons d'abord dans une cour de moyenne dimension, et dont le silence n'est troublé qu'à l'heure de la ronde par les chevaux de MM. les officiers d'état-major.

A gauche, un pavillon qui servait de poste du temps qu'il fallait des baïonnettes pour refroidir le zèle des détenus à démolir la maison. (Ces mœurs sont d'un autre âge.)

*
* *

L'Hôtel des Haricots avait été bâti pour recevoir non des gardes nationaux, mais des sacs de blés. Il dépendait du grenier d'abondance, situé boulevard Bourdon, près de l'Arsenal.

Aussi toute sa façade, privée des agréments de la sculpture, exprime-t-elle l'idée de l'utile, telle que la conçoivent les esprits positifs. Du premier coup d'œil, on devine que ce n'est point là un lieu de plaisance.

Le corps de logis principal fait face à la rue. C'est une grande bâtisse d'un ton jaunâtre, dont tout le luxe consiste à affecter des dimensions vingt fois plus grandes qu'il n'est besoin. Car les conseils de discipline sont si débonnaires depuis quelques années, que dans la masse des gardes nationaux froids pour l'institution, ils ne frappent que les plus glacials, et n'entreprennent de corriger… que les incorrigibles.

Pas la moindre prétention architecturale à cette maison de bâillement ; pas la plus chétive moulure, pas même une girouette en fer-blanc découpé. Non, des murs pour résister à la pluie du dehors et aux coups de poing du dedans, des fenêtres sans persiennes, afin que les prisonniers, si faciles aux récriminations, ne disent pas qu'on leur mesure la lumière ; un toit comme tous les toits, des mansardes comme toutes les mansardes… et c'est tout !

La vigne folle qui brode quelques festons au-dessus de la porte principale est l'unique superfluité de cette demeure d'où le luxe est banni, et sert de jardin au concierge.

*
* *

Un tour dans les salles du rez-de-chaussée ! Nous pénétrons d'abord sous un vestibule qui communique à la loge du concierge, au greffe où s'accomplit la formalité de la signature sur le registre d'écrou, au logement de M. le directeur et à l'escalier ; — l'escalier que l'on monte si lentement et que l'on descend si vite.

Nous trouvons encore à cet étage un parloir où les prisonniers peuvent recevoir des visiteurs du dehors, un promenoir couvert, un préau orné de quatre murs à défier des jarrets de chevreuil ; enfin la cantine, où Mme Seyrès cuit, rotit, frit, larde, entrelarde, barde... suivant le caprice gastronomique des détenus (et cela depuis quarante et un ans, que Mme Seyrès est chargée de ce soin délicat).

Le premier et le second étage sont traversés par deux immenses corridors fermés par des grilles et sur lesquels donnent cinquante-sept portes avec leurs cinquante-sept verroux...

Il faut quelque temps pour se familiariser avec cet appareil formidable, mais une fois la première impression passée... on a tout de même envie de s'en aller.

Et pourtant ces outils à jouer le mélodrame ne sont rien moins qu'inoffensifs; car le règlement de la maison est rédigé avec tant de bénignité qu'il en adoucit l'apparente rudesse.

*
* *

Au rez-de-chaussée, règne M. Barbier, concierge, et les étages supérieurs sont gouvernés par M. Canon, gardien. — Ces deux employés, qui nous ont été si secourables par les renseignements qu'ils nous ont fournis, savent conserver au milieu de leurs fonctions mélancoliques, une aménité et une politesse dont les prisonniers s'accordent à faire l'éloge. Ce ne sont pas des geôliers, mais des oiseleurs qui veillent à ce que rien ne manque dans leurs volières.

*
* *

Ce qu'on appelle cellule à l'Hôtel des Haricots, c'est une chambrette d'environ six mètres carrés et dans laquelle il faut tourner deux cents fois sur soi-même si on veut faire une lieue à pied.

Le mobilier de toutes les cellules est invariablement le même :

Un lit en fer. — Trois matelas. — Un traversin. — Une couverture.— Une paire de draps. — Une table.— Un coffre à bois. — Un pot à l'eau et sa cuvette. — Un verre. — Une chaise en bois peint à fond de paille.

C'est plus complet qu'à la Bastille. Et si la Bastille avait été meublée avec ce confort, on ne l'aurait peut-être jamais détruite, à moins que ce ne fût pour donner de l'ouvrage aux ébénistes du faubourg Saint-Antoine.

Il ne manque à cet inventaire qu'un article, l'article oreiller. Mais une affiche prévient les détenus qu'ils peuvent se procurer cet ustensile de luxe moyennant quelques centimes.

Une autre affiche défend de briser les meubles.

*
* *

Mais c'est assez nous perdre dans des généralités, et il est temps d'en venir au but principal de ce petit livre. Il est temps d'ouvrir les cellules nos 7, 8 et 14, dites « cellules des artistes. »

C'est tout un musée improvisé au jour le jour par les poëtes, les peintres et les musiciens qui composent la clientèle assidue de l'Hôtel des Haricots; un musée bizarre s'il en fut, une collection unique de pochades inspirées par l'ennui des longues heures et légèrement assaisonnées du sel de la satire.

Ces crayonnages sont de tradition dans toutes les prisons; mais à l'Hôtel des Haricots, ils ont une supériorité artistique très-marquée, et on eût peut-être regretté que le souvenir n'en fût pas gardé. Voyez-vous la pioche dans une figure de Devéria ou de Decamps? Concevez-vous la pelle jetant dans un tombereau tous ces petits tableaux réduits en miettes, brouillant les rimes d'une pièce de vers ou commettant des fautes d'harmonie dans un morceau de musique?

*
* *

Nous nous sommes donc appliqué à reproduire ici croquis, vers et notes avec toute la fidélité possible, poussant le scrupule jusqu'à imiter les caractères de musique dans leur forme négligée.

Chaque dessin a été augmenté d'un commentaire auquel il correspond dans la mise en pages par un numéro d'ordre. Les légendes authentiques, celles données par les auteurs mêmes, ont été reproduites entre guillemets. Quant aux signatures, nous nous en sommes tenu à celles que nous avons trouvées sur les murs, et nous avons respecté l'anonyme gardé par la plupart des dessinateurs, bien que souvent leur coup de crayon eût suffi à les dénoncer.

⁂

Maintenant je tiens la clef de la cellule n° 7. Je tourne, la porte cède... Passez, je vous prie.

— Après vous.

— Je n'en ferai rien.

— De grâce!

— Allons... c'est pour vous montrer le chemin.

CELLULE N° 7

(1). — **La porte.** — Sur le mauvais côté de la porte n° 7, — le côté interne! — a été peinte une déesse Justice dans tout l'épanouissement de sa beauté mythologique. L'artiste qui a portraituré si avantageusement la divinité dont il a mérité les coups, a ainsi prouvé qu'il ne lui gardait pas rancune. Pourtant il s'est permis une malice; la

2

balance allégorique dont il a armé sa Thémis est un outil assez mesquin, une véritable balance à peser des *haricots*.

(2). — **Une baigneuse** (*par M. Bonaffé*). — Voilà encore de la mythologie, et de celle qui méprise le plus la crinoline. Ne serait-ce point là, en effet, une image de la Vérité accommodée dans le goût moderne? Car depuis que nous avons proclamé que « la vérité est bonne à dire », la déesse puisatière qui en est l'antique personnification n'a plus de raison pour se cacher. En vain les couturières objecteraient-elles l'absence totale du costume...; jamais les mensonges « soie et coton » dont elles tiennent boutique, ne monteront seulement à la hauteur du genou de l'effrontée divinité.

3

(3). — **Un Turc** *(par M. Gustave Janet)*. — Un véritable

Turc de mélodrame. Le même qu'on utilise, pendant les entr'actes, à vendre des dattes sur le boulevard.

4

(4). — **Le billet de garde** *(par M. Bertall)*. — Cet homme que vous prendriez pour un tambour en tournée. Ce guerrier à la moustache irritée est devenu une allégorie sous le crayon du caricaturiste. Il s'élève à la hauteur d'un emblème, l'emblème du *libre arbitre*. Choisissez donc, si vous l'osez, entre sa main droite qui vous présente un billet de garde, et sa main gauche qui tient un pot à colle

5

— ce qui est une manière énergique de vous dire : « Vous

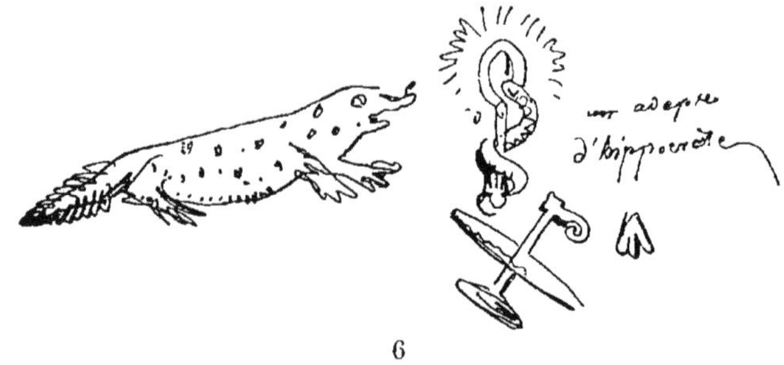

6

obéirez à la consigne, ou *on vous collera aux Haricots.* »

(5). — « **Courbe décrite par la terre**. » — Théorème d'astronomie amusante, trouvé par le docteur Diafoirus, médecin par quartier du *Malade imaginaire*.

(6). — **Attributs fantastico-naïfs**. — Un confrère d'écrou a écrit sous cet inexplicable crayonnage : « Tu pouvais faire mieux..... » (savoir !)

(7). — **Un recors** (*par M. Aimé Millet*). — Quand l'autorité a usé toute sa patience contre votre indifférence en matière de garde nationale; quand vous avez déménagé dix fois et pris dix maîtresses pour mettre dix fois votre logement sous un nom nouveau; quand vous avez prétexté la maladie pendant des années; quand vous avez feint des voyages d'une quarantaine de jours par mois; quand vous êtes passé successivement par la sommation, l'avertissement, la citation à comparaître devant le conseil de discipline, la condamnation par défaut, la purge de votre contumace, la condamnation derechef à 6 heures de Haricots, puis à 12 heures, à 24 heures.... et autres multiples de 12....; quand décidément il n'y a plus d'espoir de vous convaincre, le moment de vous atteindre est venu ! Alors l'autorité prend la forme définitive du personnage ci-contre. — La chasse, — une chasse à courre, — est ouverte contre vous, et vous y jouerez le rôle de gibier.... Ne riez plus ! car, je vous le dis en vérité, vous serez pris ce soir ou demain matin. Deux mains aux dix ressorts d'acier se poseront sur votre personne récalcitrante et.... *lasciate ogni speranza!* Ces mains, avant

7

d'en parler, j'ai voulu les expérimenter; je leur en ai donné une poignée (!)... et je n'en suis pas encore bien guéri.

8

— (8). **Le Christ** *(par M. Lazerge)*. — « Consolator

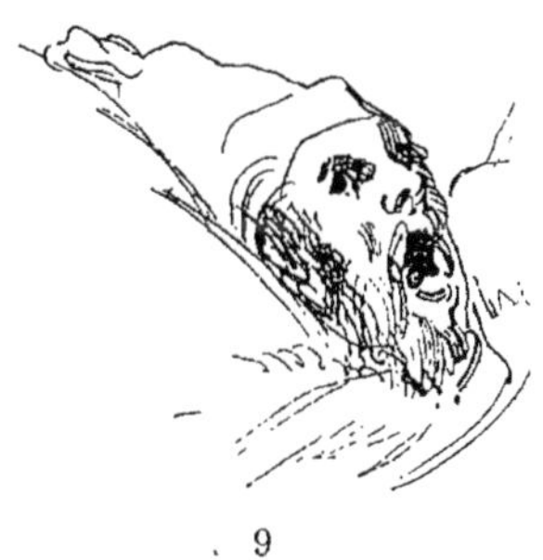

9

afflictorum..... Ora pro garde-nationalibus in haricotibus. »

(9). — **Un homme qui bâille.** — Car, que faire en prison, à moins que l'on ne bâille?

10

(10). — **Un Breton** (*par M. Luminais*). — M. Luminais est l'Émile Souvestre de la peinture, comme Émile Souvestre était le Luminais de la littérature. Le pinceau de l'un et la plume de l'autre auront donné le procès-verbal de l'état dans lequel se trouvait la pittoresque Bretagne avant que la locomotive y ait transporté la mode de Paris à quinze lieues à l'heure.

(11). — **Un garde national maigre** (*par M. Stop*). — Il existe des remèdes à la maigreur; ce sont en général

11

les farineux. — On ne fera jamais mieux. — .... Les *haricots* sont des farineux!

(12). — « **Le vieux vacher de chez nous.** » — « Chez nous... » C'est ce village situé là-bas, là-bas, et si loin que les billets de garde y sont inconnus. Il y a là un vieux vacher, homme simple et débonnaire, qui n'a jamais gardé la vache enragée. C'est lui qui veille sur les côtelettes de l'avenir; c'est cet ami de nos estomacs, c'est cet alchi-

12

miste sans le savoir, dont le génie, bien avant celui du cuisinier, résout le problème du beefsteack tendre. — Dans ses moments perdus, il soigne aussi les pommes de terre. — On avait oublié sa figure placide dans le tumulte parisien, mais voilà qu'elle vous revient en prison comme un souvenir de temps meilleurs. (Oh! la campagne!)

13

(13). — « **Que fait ma femme?** »
— Ce que fait ta femme, mon pauvre George Dandin? où elle est, ô Cocardeau trois fois triste? quand elle reviendra, Othello pris au piége?... Va, tu as beau charbonner à la journée des points d'interrogation sur les murs, tu l'ignoreras éternellement. Je vais même tout te dire, puisque tu ne croiras rien. — Madame a donc, elle aussi, déchiré son billet de garde, ce billet de garde perpétuel qui a nom le contrat de mariage. Alors un recors s'est présenté qui a déclaré, parlant à sa personne, s'appeler Arthur de Cupidon, employé supérieur à l'administration de la Nature. Or, comme on ne badine pas avec l'Amour, ta femme a dû le suivre et se laisser écrouer dans la cellule le n° 7 d'un restaurant à la mode, où elle a été gardée à vue par ledit sieur Cupidon. Là (chose affreuse à dire!) on ne lui a donné à manger que des crevettes, du salmis de bécasse, des filets de sole aux truffes; le tout accompagné de quelques primeurs et arrosé d'un champagne que, par un raffinement de cruauté, on a eu soin de faire geler dans des seaux pleins de glace... Et elle chante, la malheureuse, car on l'entend du boulevart, — mais c'est pour s'étourdir. —

Son chant est comme le chant de Manrique dans le *Trovatore,* une sorte *de Miserere;* seulement de loin et probablement à cause du bruit que font les voitures, on dirait l'air du *Sire de Framboisy.* — Ces tristesses n'auront qu'un temps,

14

après tout; car je crois savoir que ta femme rentrera au logis le même jour que toi... Ce qui est une attention de son geôlier.

(14). — **Pipes, cigares..., etc.** — Des pipes en culottes courtes (pipes d'Ulm et pipes Gambier), des cigares qui appellent les lèvres, un verre à faire du grog, une potiche de Chine où s'égraine la poudre à cigarettes ; ce qui, dans le commerce, a nom « articles pour fumeurs, » ce qui est la consolation du prisonnier.... et de l'homme libre.

15

(15). — **La clef des champs** *(par M. Stop)*. — Les gardiens de l'*hôtel des Haricots* sont très-obligeants. Pourtant si vous en appeliez un, même par les noms les plus flatteurs, et que vous lui disiez : « Auriez-vous la complaisance d'aller me chercher un serrurier? » vous n'obtiendriez rien, pas même une espérance. D'ailleurs le serrurier qui tient cette tant souhaitée clef des champs, voyez ci-contre la mine qu'il vous fait. Ne vous semble-t-il pas, dans son impassibilité froide, symboliser l'inflexible loi qui vous étreint? Sa personne ironique et sèche ne pèse-t-elle pas de tout le poids de la fatalité sur l'objet actuel de vos rêves les plus ardents?

16

(16) — **Écusson hiérogly-phique.** — Un A, un E, un R, un V, un T, entrelacés (?). En combinant et recombinant du matin au soir ces cinq lettres (ce qui vaut peut-être mieux que d'aller au café), en usant dans ce travail la perspicacité d'Œdipe, la patience de Siméon Stylite et la tenacité de M. de Lesseps, on arrive à former des mots groënlandais ou tartare-mantchous, comme *aervt, tvrea, eavtr*... de véritables aboiements. Mais est-il bien probable que l'étude des langues vivantes ait fait assez de progrès dans les rangs de la garde nationale, pour qu'un simple détenu de l'*hôtel des Haricots* s'exprime *en ces termes?*... Il est plus consolant de penser que ces signes énigmatiques sont les initiales discrètes sous lesquelles se cachent quelques souvenirs doux au cœur. En effet, ajoutez quatre lettres à l'A, et vous avez Alice; dans l'E, nous voyons Eugénie; dans l'R, Rodolphine; le V signale une Valérienne; et le T dévoile une Thibaude. — Quant à la devise qui flotte au-dessus de l'écusson, à moins d'avoir perdu son latin dans un voyage en Auvergne, on la pénètre plus aisément. Traduction de collége : « *Nunc*, maintenant ; *nox*, la nuit ; *mox*, bientôt; *lux*, la lumière. » — Traduction hors du collége : « Il fait nuit, mais le soleil ne tardera pas à se lever. » — Traduction de Joseph, sieur Prudhomme . « L'astre du jour

a terminé sa carrière, et bientôt vous l'allez voir paraître aux portes de l'Orient. » — Traduction des amoureux : « La nuit seconde nos vœux, mais le temps presse, car dans un instant l'aurore va nous surprendre. » — Traduction des ivrognes : « C'est le moment... c'est le quart d'heure où tous les chats...

17

et même tous les camarades *y* sont gris !... (*Sur un ton confidentiel*) mais faut pas s'y fier, car la nuit n'a qu'un temps ; (*à pleine voix* :) Amis, passons-la gaiement ! » — Traduction tintamaresque : « Le soleil a piqué une tête dans un sac à charbon, mais tout à l'heure il va en sortir fourbi à neuf. », etc.

(17). — **Méduse.** — Une coiffure qui ne sera possible que le jour où la Société d'acclimatation aura accompli son œuvre d'apprivoisement.

18

(18). — **Garde national en cage.** — Le bataillon des Iles-Canaries a adopté une tenue assez prétentieuse, et qu'il est peut-être utile de décrire. D'abord un shako qui ressemble à tous les shakos, avec cette différence qu'il se place sur la tête, suivant la méthode Jean-Jean, c'est-à-dire légèrement

en arrière; puis une sorte de bec pointu, fait d'une matière cornée; un fusil du calibre d'un grain de plomb; sur la poitrine et sur le ventre, une confortable fourrure de plumes jaune tendre; sur le dos, un sac dont on ne dit pas le contenu; plus bas, une giberne; plus bas encore, un appendice caudal tout en plumes assorties à celles du plastron; les jambes sont d'une maigreur idéale et se terminent par un système de griffes qui permettent à l'homme de se tenir, comme Auriol, en équilibre sur un bâton de chaise.

(19). — **Le Mat de Cocagne.** — Si ce petit livre était écrit, dessiné, gravé, imprimé, broché et mis en vente pour philosopher sur l'inanité des grandeurs d'ici-bas, nous aurions sous la main une belle occasion d'endormir le lecteur par quelque tirade sur un mode pleureur, (procédé aussi vieux que l'opium, mais qu'on administre encore dans les pharmacies académiques). Qui nous empêcherait, par exemple, de tirer du mât de Cocagne ce grand enseignement que : quiconque veut s'élever au-dessus de la

29

foule, est obligé de suivre un chemin glissant, que pour arriver aux honneurs (les bravos du public) et à la fortune (la timballe d'argent), besoin est d'attendre prudemment que plusieurs douzaines d'intrigants vulgaires se soient rompu les os à vous rendre la route plus facile? Qui nous empêcherait aussi d'ajouter que... Mais ce petit livre n'a été ni écrit, ni

21

dessiné, ni gravé, ni imprimé, ni broché, ni mis en vente pour philosopher sur l'inanité des grandeurs d'ici-bas.

(20). — **La mariée marchant au supplice.** — Si on mariait les gens comme on attèle les chevaux, le char de l'hyménée ne verserait pas si souvent. Je vous demande un peu si vous avez jamais vu passer une voiture tirée à la fois par un percheron à épaisse encolure, et une jeune pouliche arabe pleine d'impatience? Vous savez ce qu'il adviendrait d'une si grande imprudence : le percheron — bourgeoise nature — marcherait son pas avec toute la bonhomie que comportent ses formes replètes. La pouliche, dont les veines contiennent de la vapeur de locomotive, aurait mille ruses, presque féminines, pour arriver à réaliser l'unique pensée qu'elle a de s'échapper. Tantôt ce serait un haut-le-corps, tantôt une ruade imprévue, tantôt un écart à deux doigts d'un fossé; et cette petite cavalcade se terminerait comme l'opéra de *Gustave III*, par un galop convulsif. De pareils accouplements répugnent aux usages du sport; mais de semblables attelages sont le fait fréquent des marieurs (de profession ou simples amateurs). Les époux, dont la silhouette se profile ci-contre, sont justement assortis à la façon du percheron et de la pouliche arabe. Et je ne dirai pas lequel des deux aura de petits pieds pour mieux courir à travers les plates-bandes où pousse le fruit défendu, des yeux perçants pour guetter l'ennemi que vous savez, une bouche rose pour lui sourire, et des cheveux assez pour en distribuer à un régiment de célibataires. Il est évident jus-

22

qu'au scandale que monsieur, en se mariant, cherche à « faire une fin, » et madame un commencement. Or, je vous le dis en vérité, je vous le dis avec Balzac, notre maître à tous : « Il y aura du Minotaure ! »

(21). — **Deux mendiants.** — Ce qu'ils quêtent, c'est un petit éloge dans lequel, par une combinaison habile, entreraient tous les adjectifs flatteurs de la langue française. Il est vrai que nous avons nos pauvres, mais il reste encore assez d'encre dans notre plume pour écrire ici que ces deux croquis sont dessinés d'une main dévote au souvenir de Charlet.

(22). — **Norma** (?). — Avant l'invention du peigne et du fer à friser.

(23). — **Une Cariatide.** — C'est vraiment de la naïveté que de soutenir par un effort si grand un monument qui n'est point en danger de s'effondrer. Car — et grâce à la clémence des conseils de discipline — ce ne sont pas les trois ou quatre cents kilos de prisonniers pesant sur les murs de l'*Hôtel des Haricots* qui en compromettront la solidité.

23

Vers de la cellule nº 7

Oui, voilà des dessins gracieux, originaux,
Qui pourraient décorer une maison royale,
Qui te feraient honneur, garde nationale,
Si leurs auteurs étaient gardes nationaux.

Ce séjour tranquille
Est pour moi plein d'attraits,
J'y reviendrai docile,
Car ma garde jamais ne monterai.

UN CONTRARIÉ,
garde non avoué.

12 heures. — 24 août 1862.

IMPRESSIONS DU CACHOT-MUSÉE.

ZÉPHYRA L'ANDALOUSE.

Comtes, marquis et princes,
A mes pieds prosternés,
Je ne veux ni provinces,
Ni carrosses dorés.
Pourtant, je suis coquette,
Coquette avec fureur,
Pour un peu de toilette,
J'offre mon cœur.

Je veux une mantille
De brume et de vapeur,
Je veux une résille
D'étoiles et de fleurs,
Et l'écharpe azurée
Qui pend, vague lueur,
Aux astres accrochée.
— Qui veut mon cœur?

Je veux une basquine
De ces brouillards dorés
Dont s'emplit la ruine
Dans les soirs empourprés.
Je veux pour mandoline
Le nuage rêveur,
Qui rougit la colline.
— Qui veut mon cœur?

Voilà, nobles altesses
Ce que veut Zéphira
De toutes vos richesses;
Et qui m'apportera
Cette simple parure,
Pour prix de son ardeur,
Seigneurs, je vous le jure,
Aura mon cœur.

CONSTANT GUÉROULT.

16 mai 45.

JE RÊVE A ELLE

C'est dans une étroite prison
Quand les ténèbres sont profondes
Que l'esprit plane à l'horizon
Et découvre au loin d'autres mondes,
L'homme s'exile au fond des bois
Pour mieux penser à ce qu'il aime,
Son front se courbe entre ses doigts,
Il ne vit alors qu'en lui-même.

Je souffre et je languis loin de tout ce que j'aime,
Sous ces tristes verroux, le cœur gonfle à mourir.
Et pourtant, ô mon Dieu, ma joie serait extrême
D'y vivre abandonné, si, tout seul à souffrir,
Et, rejetant sur moi le fardeau de misère,
Pour Elle vous changiez en moments de bonheur
Mes heures de souffrance et de douleur amère
En lui faisant rêver le rêve de mon cœur.

...

LE GARDE NATIONAL EN LIBERTÉ

POLKA dont la longueur a été calculée sur la distance qui sépare l'Hôtel des Haricots du premier débit de prunes.

cresc.
cresc.
FIN

CELLULE N° 8

24

(24). — « **Belle de jour.** » — La peinture ne dit jamais tout ce que pense le peintre. Représente-t-elle une femme mi-vêtue, on ne saurait dire si cette femme s'habille ou se déshabille. (Grande perplexité chez les bourgeois pudiques.)

25

(25). — **La charge à la baïonnette.** — Souvenir de Crimée, d'Italie,... et de mille autres lieux.

26

(26). — **L'ange de la liberté.** — Quelle est donc la garde que ce pauvre prisonnier a refusé de monter pour subir une punition si exemplaire? Il faut qu'on ait été bien mécontent de lui dans sa compagnie, et que vingt fois condamné comme récidiviste.... Mais pardon, ce corps abattu par la douleur, ce cachot sinistre, cette paille humide sont d'un autre temps et rappellent des codes moins cléments que les nôtres. Bien sûr nous sommes dans quelque basse-fosse de la Bastille, là où, pour avoir déplu à la favorite du roi, on faisait ses trente-six ans « de Haricots, » comme aujourd'hui on en ferait trente-six heures pour avoir manqué à son capitaine. Ce n'était pas trop d'un ange, alors pour vous rendre la liberté; on n'en aurait jamais cru le geôlier capable.

27

(27). — **Un moulin hollandais** *(par M. Ferat)*. — Joli modèle de moulin pour opéra-comique, butte Montmartre, ou édition de *Don Quichotte*.

(28). — **Le cauchemar du garde national** *(par M. Ferat)*. — Il a voulu grignoter le fruit défendu de l'indépendance, une détente a joué, et le voilà pris au piége Monsieur le récalcitrant. Plus d'espoir ! plus de mines repentantes devant le conseil de discipline ! plus de peine remise ! La porte est bien verrouillée, la fenêtre parfaitement gardée par une serrurerie tenace ; le malheur est complet !... Encore s'il pouvait reposer de ce repos sans rêves noirs, fruit d'une conscience sans reproche ? Si la nuit, le remords qui oppresse le coupable, ne venait pas encore le saisir aux entrailles ! Mais non ; et un affreux cauchemar, composé comme les Borgia composaient leurs poisons, le vient visiter. Il entre dans ce cauchemar, et à haute dose, les ingrédients les plus corrosifs ; on dirait l'échantillonnage complet de tout ce qu'il y a de calamiteux en ce monde. C'est d'abord un tambour (Croquemitaine des gardes nationaux qui ne sont pas sages), un tambour infestant l'air de la cellule d'une pluie de petits papiers. Cette plaisanterie, tout en rappelant le moyen employé dans le théâtre pour représenter la neige, est une plaisanterie de mauvais goût ; et elle devient tout à fait amère quand on a la précaution d'écrire sur les petits morceaux de papier les mots : *arrêt, prison*, 48 *heures*, *jugement, condamnation à mort*... Le seul homme capable de rire d'une semblable mystification n'est jamais celui qui la subit ; on a remarqué que c'était toujours l'autre. Vient ensuite une caisse placée sur la poitrine du patient et qu'un amour éreinte à

28 Heures
ARRÊT
24 Heu
PRISON
GARDE
COQ
A MORT
HARICOTS
JUGEM
CONDAMNÉ
GERARD
MORIN DEL
J. Férat

coup de baguettes.... Serait-ce le rappel que l'on battrait ainsi à cette heure avancée de la nuit? *(ram-blan-blan..... ram-blan-blan..... ram-blan-blan.....)* Si c'était le rappel, il faudrait peut-être marcher aux barricades?... La garde nationale s'y est illustrée en 1848, et elle y a conquis par son sang versé le droit de vivre désormais à l'abri des quolibets. Mais dans le rêve, image renversée et absurde des choses de la vie, il est permis de s'entrevoir soi-même, et sans déshonneur, aux prises avec la peur la plus incongrue. Le petit fantôme qui apparaît à l'extrême droite du dessin ci-contre, le montre assez. Plus loin, dans un nuage perfidement éclairé, voici la femme du prisonnier en train de flâner au-dessus des abîmes de l'adultère; et on frémit en pensant que le vertige peut la prendre... Amère ironie! il est là le pauvre reclus, il assiste en peinture à cette scène scabreuse, et, figé dans son cadre, il sourit de ce sourire béat de tous les portraits. Ses épaulettes semblent même se hérisser de joie; car il a mis son bel uniforme pour se donner un petit air de fête (!!!!) Au rebours du bon sens, c'est saint Joseph en personne qui préside à ces ébats, saint Joseph dont l'homonyme, au temps des époux Putiphar, avait inventé une manière de quitter son manteau devenue si difficile aujourd'hui qu'on porte des paletots. Dans le fond, tout là-bas, là-bas, se dessine une épouvantable silhouette : c'est la machine qu'en son argot le gamin de Paris appelle « la veuve »... Mais comme les têtes qui ont refusé de ceindre le shako n'y sont pas pour cela portées, vous voyez bien qu'il y a dans ces images confuses quelque chose à ne pas prendre au sérieux ; quelque chose qui s'évanouira au premier rayon du soleil matinal, à l'heure où la porte de la cellule s'entr'ouvre pour laisser voir la silhouette du gardien, augmentée de la silhouette d'un bol de café.

29

(29). — **M. Prudhomme bercé par un satyre.**

(30). — **Le lendemain de la bataille**. — Les lendemains de bataille sont comme les lendemains de fêtes; on s'y sent triste qu'on en pleurerait. La terre, déchirée par des pieds en colère, est humide d'une rosée sanglante; le ciel est obscurci par des vols de corbeaux, bandes affamées dont les cris semblent des rires de démon. L'écho dort, harassé des bruits de la veille..... La nature entière a pris une teinte de deuil, car le jour des chants de victoire est déjà loin, et le

30

jour des larmes est venu. — Et puis, l'année prochaine, le blé, symbole de vie, fleurira à cette même place où la mort a fait rage. Une colonne de pierre chargée d'épitaphes s'élèvera au milieu de la plaine et terminera comme un point d'admiration la grandiose épopée.

(31). **L'homme qui bâille** (*par M. Gaildrau*). — Plan, coupe et élévation d'un prisonnier au premier quart-d'heure de ses soixante-douze heures..... La morale de ceci est qu'il faudrait, avant de commencer la corvée, faire

31

une provision de gaîté, que l'on pourrait dépenser au fur et à mesure des besoins de la situation. Le matin, on lâcherait un petit sourire; à midi, on rirait tout à fait, et quand viendrait le soir, il serait temps de laisser déborder toute la joie sagement économisée dans la journée. — Mais tournez vite la page, car le bâillement est contagieux; et les auteurs sont si susceptibles qu'ils prennent toujours pour eux cette grimace significative.

(32). — **Marine.** — Où l'on prend des soles à la nor-

32

mande auxquelles il ne manque que la sauce, les olives, les anchois, les écrevisses et le vin blanc.

Vers de la Cellule n° 8

PENSÉE

Comme le plus beau jour, le cœur n'a qu'une aurore,
Qu'un soleil, c'est l'amour : hélas! qu'il dure peu!
Un matin, il se lève, éclatant météore,
Et soi-même s'épuise à l'ardeur de son feu.

JULES BERTRAND.

ILS ÉTAIENT 12 OU 13

Ils étaient 12 ou 13,
Chaque soir assemblés;
Yeux bleus, lèvres de fraise,
Tous blonds comme les blés.
Riant de leurs quenottes,
Ils grimpaient aux vieux murs,
Filles tendaient leurs cottes,
Où tombaient les fruits mûrs.

Ils etaient 12 ou 13
Les dimanches au bal,
Parés, frémissant d'aise,
Ne songeant point à mal.
Sous de grands hêtres sombres,
Marchant à petits pas,
J'ai vu glisser leurs ombres;
Que disaient-ils tout bas?

Ils étaient 12 ou 13,
Aux veillesdes hivers,
Qui, les pieds sur la braise,
Se contaient maints revers;
Pourtant sur chaque tête
Où le temps a neigé,
Rayonne encor la fête
De l'amour partagé.

Ils étaient 12 ou 13,
Que sont-ils devenus?
Où sont lèvres de fraise,
Bras nerveux, fronts chenus?
— Allez sur la colline,
L'arbre y sème ses fleurs,
L'abeille en paix butine,
Ci-gisent tous ces cœurs.

ALFRED DELORT.

24 novembre 63.

MA PHILOSOPHIE

Vive la philosophie !
Pour moi, jamais de chagrin.
Gaîment j'use de la vie,
Sans penser au lendemain.

De ma Lisette,
Leste et coquette,
Le frais minoi
Est bien à moi.
Bien des duchesses
En haut renom
De leurs richesses
Lui feraient don
Pour la mantille
De ses doux yeux,
Pour la résille
De ses cheveux.
La blonde fille
Est plus gentille
Sans diamants
Car la jeunesse
Est sa richesse,
Elle a seize ans.

IMPRÉCATION

Pauvre tambour, que je te plains!
Si jamais ta mauvaise étoile
Te fait tomber entre mes mains,
Je te le dis sans fard, sans voile :
Pour t'apprendre, Fla *déhonté!*
A flairer, dénoncer les hommes
De bien mauvaise volonté,
Ces pékins, comme tu les nommes,
Que tu fais mettre aux HARICOTS,
Je te promets, par saint Pancrace!
De vouer aux dieux Asticots
Ton abominable carcasse;
De t'écorcher bien proprement
Et, sur ton cuir, veuf de mes larmes,
De battre un si beau roulement
Que le diable en prendra les armes.

A. ARNAUD.

Phillys, ne plaignez pas celui qui dans cette ombre
Songe à vos yeux d'azur pleins d'étoiles sans nombre,
Grâce à ces yeux, auteurs de tous les maux soufferts,
Voici déjà longtemps que j'étais dans les fers.

THÉODORE DE BANVILLE.

Illustre monument dont le nom fait sourire,
Où la gaîté française a fini son empire,
Salut à tes joyeux échos.
Les Vercingétorix de la garde bourgeoise
Ont jeté bruyamment, dans leur verve gauloise,
Le nom d'Hôtel des Haricots.
Salut, murs vénérés, sur lesquels plus d'un maître
Au bas de maints croquis que tous voudraient connaître,
A signé son nom glorieux
En traits piquants, inscrits par mille mains d'élite,
L'esprit vous a laissé sa carte de visite,
Pouvait-il vous consacrer mieux.

ARTHUR DE TARADE.

A dix heures, il faut éteindre son flambeau,
Contre ce règlement ne prenez pas la mouche,
Plus à plaindre que vous, Phébus, ce dieu si beau,
Eteint son gaz à l'heure où la poule se couche.

LE GARDE NATIONAL

AIR DE : *la Parisienne*

1848

Vive à jamais le Garde-Nationale,
Arc-en-ciel de nos libertés!
Si' n' fait pas d' bien, y n' fait pas de male.
Voilà pourquoi qu'il a mon amitié
S'il faut qu'y s' présente une émeute,
Bien loin que son grand cœur s'en émeuve,
Prend son fourniment,
Son fusil r'luisant,
Quitt' sa femme, son comptoir et même ses enfants,
S'il pleut, he ben y s' mouille.
Faisant sa patrouille!

Il faut le voir défiler dans la rue,
Conduisant bravement son drapeau!
S'il a l' bonheur d'être d'eun' revue,
Ah! ce jour-là, combien il est plus beau!
Il emboit' le pas comme un ange,
Pour lui gn'y a rien qui le dérange!
L' tambour fait plan plan
Rata plan plan plan
Il est content d'employer ainsi son temps
Au son de la musique
Rien qu' pour la République.

Sitôt qu' la revue est finite,
I rentr' gaîment dans son foyer,
De le voir sa famille est réjouite
Et lui fait vit' son joli dîner!
Il raconte ce qu'il a vue
A cette étonnante revue
Puis bais' ses enfants,
Se couche content
D' sa femm' prend le conseil tout en s'endormant
D' jamais dans sa boutique
S' permetr' d' la politique!

GRASSOT.

Artiste du Palais-Royal.

IL SOSPIRO

Valse

Valse
p
mf
1ere fois
2e
mf

p
p
cresc.
mf
cresc
mf
f
ff

D.C. 𝄋
Coda

rit.
rit.
Andante
FIN

CELLULE N° 14

(33). — **La porte.** — Une porte de prisòn ressemblerait à toutes les portes si on voulait bien placer le verroux en

34

dedans au lieu de le mettre en dehors. Et il n'est pas besoin de dire que le prisonnier tirerait un parti étonnant d'un changement si simple. Mais vous verrez qu'on s'obstinera

35

longtemps encore dans le vieux style ; car les architectes, une fois qu'ils tiennent un mauvais système de construction, ne l'abandonnent jamais de peur d'en trouver un moins défectueux. Il n'en est pas moins vrai qu'on aura beau

36

peindre sur les portes de prison, des amours, des paysages, des têtes à grimaces variées, on n'arrivera qu'à une gaîté factice, et peut-être dépensera-t-on beaucoup d'argent....

37

Croyez donc ce qu'on vous dit et faites venir un serrurier ; il en est temps encore.

(34). — **Le conseil de discipline.** — Où l'on s'arrête toujours quelques instants avant de se rendre aux Haricots.

(35). — **Un médaillon.** — Moyen de passer à la postérité sous la forme d'un vieux sou.

(36). — **Le vieux Commandant.** — Il commande depuis si longtemps et en a tellement l'habitude, qu'en rentrant chez lui il oublie souvent de refermer la bouche.

(37). — **Une femme couchée.** — Ce qui au Salon de peinture s'appelle à volonté : *Avant le bain* ou *Après le bain; le Matin* ou *le Soir; l'Attente* ou *les Regrets*....... On commence par peindre le mieux possible une académie de femme nue et couchée; puis on met tous ces titres dans un chapeau et on tire au hasard. Le premier qui tombe sous la main est le bon. A moins qu'on ne préfère celui-ci qui aurait plus de piquant : *Léda* (épreuve avant le cygne).

38

(38). — **Trois têtes d'étude.** — Voilà des bonshommes qui ne sauront jamais faire « Tête droite... » ou « Tête gauche..... » ; l'alignement

39

n'est pas ce qu'ils aiment. De là leur stupéfaction croissante du nº 1 au nº 3... En continuant seulement jusqu'au nº 25, on arriverait à une figure contractée à force d'ahurissement, quelque chose comme le dernier terme de l'hébètement humain.

40

(39). — **Le tambour des grenadiers**. — (*Par M. Yvon*). — « Une haute paye (trois sous) et la certitude de faire du bruit dans le monde rendent le tambour d'une fierté insupportable; par tradition, il penche légèrement la tête à droite, pour avoir l'air gracieux. Quand il reverra sa chaumière, son vieux père et son troupeau, il insinuera adroitement qu'il a dédaigné les honneurs pour suivre une vocation.» (Jules Noriac. *Le 101ᵉ régiment*).

(40). — **Tête de femme**. — Une légende très-accréditée à l'Hôtel des Haricots prétend que ce front doucement pensif, que cet œil prêt à faire feu sur le pauvre monde des célibataires, que ces cheveux en cascades à se baigner la main, que ce nez narquois, que cette bouche ironique, que ce diable, enfin, si bien armé de toutes pièces, serait de la main de M. Théophile Gautier. Il nous plairait, pour notre part, d'y voir le premier crayon de *Mademoiselle de Maupin*..... Mais tant de choses nous plairaient qui ne sont pas!

(41). — **Ève.** — « ...... Elle cueillit le fruit et en donna la moitié à Adam — dit M. Alphonse Karr, jardinier à Nice — Mais celui-ci fit cette première fois ce qu'il a toujours fait depuis; au lieu de comprendre que, puisqu'il allait céder et obéir, alors il valait autant le faire de bonne grâce, il marchanda, il se défendit, il refusa, puis il finit par mordre. Mais Ève avait employé tout le temps de son hésitation à grignoter sa pomme de ses belles petites dents blan-

41

ches; elle avait déjà la science du bien et du mal qu'Adam était encore tel qu'il avait été pétri. Puis quand il se décida, lorsqu'il mangea sa moitié de pomme, lorsqu'à son tour il s'ingéra la science du bien et du mal, la femme avait un quart d'heure d'avance sur lui, et elle l'a toujours conservé. » — Trouvez-moi beaucoup de jardiniers qui en disent autant.

42

(42). — **Une famille et son chien.** — Médor a une idée fixe : passionné pour la chasse, à chaque fois que son maître est de garde et qu'il le voit prendre son fusil, il le suit jusqu'au poste avec obstination. Bien entendu, on ne tue rien pendant le trajet; mais gare aux marchands de gibier ! Médor tombe en arrêt.... et *rapporte* !

(43). — **Un garde-national gras** — Prétend, mais

43

à tort, faire exempter son fils du service, sous prétexte que dans les rangs il tient à lui tout seul la place d'une famille.

44

(44). — **Un Cabaret.** — Grand concours pour le prix de *Rhum* (1er prix : tous... *ex æquo*).

(45). — **Les commères.** — Puisque les maris sont absents, on peut causer...... La vieille en sait long; elle a dans tout le village l'autorité que donne l'expérience jointe à un mauvais naturel. Aussi on la consulte, on l'écoute avec un mélange de respect et de terreur, comme il convient

45

d'écouter les sorcières. Pauvres maris! A leur retour, ils trouveront (manière de parler) leur maison pleine de chausse-trapes, de bombes incendiaires, de mines et de contre-mines, un assortiment complet de machines explosibles inventées par le génie féminin..... Pauvres maris!

46

(46). — **Bonshommes** *(par Traviès)*. — Ils sont huit bonshommes nés d'une fantaisie échevelée et d'un pinceau qui n'avait que le mur pour s'essuyer. Car on ne saurait donner aucune raison de ce rapprochement bizarre entre des fantoches aussi disparates. C'est l'aspect que doit présenter une boutique de jouets après un tremblement de terre. Choisisse qui voudra au milieu de ce pêle-mêle ; nous, nous avons une préférence pour ce flûtiste convaincu qui s'est mis un peu à l'écart afin d'enfler son pipeau loin des profanes. Homme paisible d'ailleurs, mais nourrissant pour la flûte une passion presque sensuelle, il ne joue pas de son instrument, il le mange !... Qu'on ne lui parle pas du trombone !

(47). — **Grenadier en faction**. — Ce n'est pas le roi de Prusse que guette cet œil inquiet, que flaire ce nez au vent; car le roi de Prusse vient si rarement à Paris

47

que ce n'est pas la peine d'en parler. Non, mais puisqu'il fait tant que de monter sa garde, monsieur le grenadier voudrait bien « reconnaître *trouille*..., » cela le distrairait un peu. Cependant *trouille* ne vient pas ! — « Que fait *trouille?* où est *trouille?*... Maudite *trouille!* » — Ah ! c'est que, voyez-vous, du temps des *bizets*, un homme si bien équipé se devait à lui-même de déployer le plus grand zèle.

48

(48). — **Don Bazile.** — Voilà une silhouette lugubre, et qui rappelle les plus sinistres hiéroglyphes de l'ancien télégraphe. Ce froc, ce chapeau replié sur lui-même comme une gaufre, contiennent très-probablement la personne

49

douillette et craintive de don Bazile, maître de musique de Rosine. Don Bazile est allé donner sa leçon de clavecin à

59

la pupille de Bartholo, et il a trouvé Almaviva à ses genoux. En homme qui sait vivre (vivre de tout), il s'est laissé mettre à la porte, et il revient comptant en lui-même ce que peut bien valoir sa complaisance. Car les temps sont durs, et don Bazile a été obligé de joindre *un petit commerce* à ses leçons de musique. (Voir le ***Barbier de Séville*** de Beaumarchais ; et choisir s'il se peut l'édition de Rossini.)

(49). — **Paysage** (*par M. Français*). — Ceci n'est point le préau de l'Hôtel des Haricots ; et vous nous en voyez désolé. Cependant il est permis aux prisonniers de s'y promener du matin au soir, d'y manger, d'y coucher, d'y pêcher, d'y canoter.... et on n'exige d'eux pour cela qu'une seule condition.... qu'ils aient fini leur temps de prison.

(50). — **Les Faunes ravisseurs.** — Eh bien! voilà

51

une petite partie de campagne où règne le plus aimable

52

sans-façon — il n'y manque qu'un peu de musique.

(51). — **Tête de bœuf.** — A passé l'âge tendre de la « tête de veau à la vinaigrette, » et entre dans l'âge adulte du roast-beef aux pommes de terre. Aussi, et devant un

53

danger si imminent, on s'explique mal cet air de quiétude, cette bouche presque souriante, cet œil si stupidement en coulisse. On a prétendu reconnaître dans ce portrait de ru-

54

55

minant différents crayons de portraitistes spéciaux, d'*animaliers* comme on dit; mais le mieux est d'avouer qu'on en ignore l'auteur. Car, en soutenant par exemple que madame Rosa Bonheur a passé par là, plusieurs personnes se font le plus grand tort et montrent, par cette bourde insigne, qu'elles n'entendent rien aux procédés de recrutement de la garde nationale.

(52). — **Le Tailleur.** — Garde-national quatre fois par an, tailleur le reste du temps. (Il faut des plaisirs variés.) Mais, mon Dieu! quand il a manié sa baïonnette toute une journée, que son aiguille doit lui paraitre petite!

(53). — **Madeleine repentante.** — Rien de changeant comme les mœurs! Si Madeleine se repentait aujourd'hui, il ferait beau voir qu'elle se déguisât ainsi en Geneviève de Brabant n'ayant pour toute chèvre qu'un lion. Avant que le lion ne l'eût mangée, elle se serait vue appréhendée, conduite au poste, trainée par de grosses mains à la police correctionnelle et condamnée à plusieurs mois de prison. Tant il est vrai que tout n'est pas poésie au siècle de Rigolboche.

(54). — **La Recluse** *(par M. Célestin Nanteuil)*. — Pour cette fois seulement, « l'hirondelle du prisonnier » se trouve remplacée par un pigeon. L'hirondelle est pourtant de tradition, et semble indispensable pour « voltiger à la grille du château noir », comme dit la romance. Mais le pigeon a aussi du bon ; il se mange, il s'apprivoise, il porte les lettres..., et puis l'hiver? Le prisonnier lui-même n'est pas un prisonnier, mais une prisonnière. Rien ne repose l'œil comme ces petites infractions à la routine des anciennes lithographies.

(55). — **Tête à la mode de Caen**. — Charlotte Corday (probablement), par M. Janron (peut-être).

(56). — **Fumeur**. — Le baryton Max, du *Chalet*, dans sa petite tenue de ville. En chantant « le vin, l'amour et le tabac », sur l'air d'Adolphe Adam, il s'est convaincu lui-même, et aussitôt l'entr'acte il n'a rien eu de plus pressé que de s'attabler en compagnie d'une pipe et d'un verre (philosophie aimable et douce !) D'ailleurs quoi de mieux à faire? Il vient de se débarrasser d'une sœur chérie en mariant Betly au fermier Da-

56

niel (toujours sur un air d'Adolphe Adam). Et le voilà tranquille jusqu'à demain soir, où tout sera à recommencer.

(57). — **Le conciliabule** (*d'après M. Daumier*). — Il s'agit certainement des plus graves intérêts; l'amour-propre de quelqu'un est en danger, ou a reçu une de ces blessures qui ne se cicatrisent jamais. Dans tous les cas, il plane sur la conversation de ces deux hommes un mystère que nul ne saurait pénétrer. L'auteur de ces lignes y a, du moins, re-

57

noncé, autant par discrétion qu'à cause de son peu d'aptitude aux hiéroglyphes.

58). — **Le pont du torrent** (*par M. E. Cicéri*). —

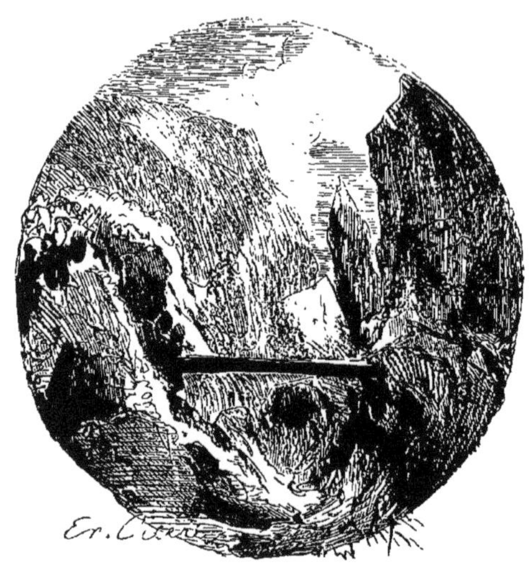

58

Dans les pays de montagnes, il suffit qu'un pont soit jeté sur un torrent pour qu'on l'appelle « le Pont du torrent. » N'est-il pas souverainement injuste qu'alors on n'appelle pas le torrent « le Torrent du pont? » Non ; c'est que dans les Pyrénées, par exemple, on préfère appeler tous les torrents « le Gave, » un moyen sûr d'égarer les Parisiens en voyage et par conséquent de faire prospérer l'industrie des guides. Il serait vraiment plaisant de voir des Pyrénéens abandonnés au milieu de Paris un jour que, par fantaisie de carnaval, toutes les rues s'appelleraient « rue du Gave. »

(59). — **Un ours aux Haricots** (*par Decamps*). — Ce n'est pas là un de ces ours tapageurs, indiciplinés, incohérents, gloutons et pillards qu'on n'acclimatera jamais, et dont les familles ne peuvent venir à bout qu'en les confiant à M. le directeur du Jardin des Plantes. Voilà bien au contraire un citoyen paisible, rangé, doux dans ses mœurs, simple dans ses goûts et incapable de faire de la peine à son sergent-major. Mais, mon Dieu! l'ours n'est pas parfait!..... D'ailleurs un billet de garde peut tomber au moment où l'on y comptait le moins, le jour où l'on traite sa belle-mère, le jour où l'on attend un ami venu tout exprès du pôle nord pour vous serrer la patte. Alors on néglige son service, on oublie l'heure, le sergent-major se fâche, et crac! on *empoigne* encore très-vite ses « douze heures de Haricots..... » Douze heures! ce n'est pas la mort d'un ours, et c'est peut-être sa santé. Douze heures de repos! n'est-ce pas la dose efficace d'un remède précieux qu'on ne vend dans aucune pharmacie? Le mieux cependant est de se faire écrouer le soir après les affaires, et surtout de se résigner. C'est le parti qu'a pris notre ours. Le voilà donc installé dans le petit lit de fer fourni par l'administration. Remarquez qu'il n'y prend pas un air victime et n'y affecte point de ces postures en zigzag qui sentent la révolte. Non; silencieux, il se soumet; coupable, il expie. Et puis, comme il est un peu frileux, il a observé qu'il valait mieux se coucher tout de son long que de s'exposer à se découvrir en faisant un faux mouvement.

59

Il a pour la même raison remonté bien correctement ses couvertures jusqu'à son menton. Ah! c'est qu'on a beau porter un bonnet fourré, lequel se prolonge confortablement sur tout le corps, on s'enrhume encore très-bien; car cette année il court de ces grippes!...... Allons, il va dormir. Bonsoir! Déjà ses paupières s'alourdissent, sa gueule sourit béatement, son museau renifle et souffle en cadence; le voilà parti pour le pays des songes dorés...... Bonne nuit! — Il serait peut-être puéril de supposer que notre ours s'appelle M. Martin...... Pourtant il en a bien l'air.

(60). — **Le Reclus.** — Les caractères bien faits envisagent l'*hôtel des Haricots* comme un lieu de repos, de silence et de méditation. Les gens de plume surtout y font de fréquents pélerinages, dans l'espoir d'y trouver la solitude, mère des grandes inspirations. « Quel artiste, dit M. Alexandre Dumas fils, n'est resté huit jours, quinze jours, un mois sans sortir de sa chambre, en face de son œuvre, sans préoc-

60

cupation des choses extérieures, sa porte close à toute visite, mangeant sur le coin de sa table, sans autre distraction que son tabac, sans autre repos que la contemplation de ce qu'il faisait? Que lui importe donc une incarcération dont il a l'habitude et qui est la première condition de sa vie? » C'est très-bien! mais aussi il est constant que messieurs les artistes à peine verrouillés dans leurs cellules ont hâte d'en sortir, car alors ils prétendent que c'est dans le tumulte qu'ils sentent leur verve excitée... Et tous les Parisiens n'en sont-ils pas au même degré d'inconstance? Voyez plutôt ce qu'il advient de leur prétendu goût pour la villégiature : à Paris, ils aspirent à la campagne; à la campagne, ils rêvent Paris. De là l'invention des billets de chemin de fer « aller et retour ».

61

(61). — **Sainte Clotilde** (*par Devéria*). — Si on se demandait ce que vient faire une reine chrétienne dans le conservatoire des gardes nationaux réfractaires, on pourrait bien ne rien se répondre, ce qui serait manquer de politesse envers soi-même.

62

63

64

(62). — **La charité** (*par Devéria*). — Le ton de ce petit livre ne nous permet pas de commenter sans irrévérence une image aussi sainte. Saluons et passons.

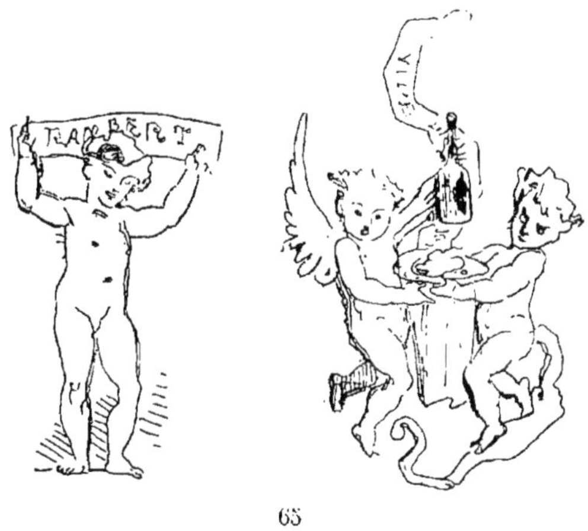

65

(63). — **La femme à l'aigle.** — Probablement quelque pauvre femme abandonnée de sa lingère et de sa couturière, et qui, à cause de sa toilette négligée, est obligée d'user d'un aigle pour porteur d'eau? (Cette composition et la précédente sont de grandeur naturelle sur les murs de l'Hôtel des Haricots.)

(64). — **Un Chat.** — Employé supérieur à la police des

66

toits, lieutenant-criminel des caves et égouts, surveillant des gouttières, inspecteur principal des mansardes, grand inquisiteur des greniers, gardien-chef des escaliers, alguazil des corridors..... Bien de la besogne! comme vous voyez. Se présente-t-il une affaire criminelle, maître chat est obligé de remplir à lui tout seul l'office de gendarme, de geôlier, de ministère public, de juge, et d'exécuteur des hautes œuvres. Mais la grande habitude le sauve. Ainsi, dans l'espèce humaine, avec l'action combinée de tous ces fonctionnaires, on arrive à faire durer six mois une procédure. Lui, le chat, ne demande que six secondes. Aussi il passe pour sévère dans son quartier.

(65). — **Amours** (*par M. Rambert*). — Les amours sont aux péchés capitaux ce que les anges sont aux vertus théologales. Mêmes ailes, d'ailleurs, même sourire, même grâce enfantine dans les deux phalanges aériennes. L'uniforme est presque identique; il n'y a que le drapeau qui diffère.

(66). — **Le domino noir.** — Fleur éclose dans les salons, boudoirs, théâtres et autres serres-chaudes parisiennes. S'arrose

67

68

avec du champagne, et se cueille en toute saison. (*N. B.* Se défier de l'espèce appelée *digitale.*)

(67). — **Une idylle.** — En ce temps-là l'heure de la Bourse ne sonnait jamais; on ne connaissait ni les hommes de loi, ni les employés de chemins de fer; la vie était douce et pleine de loisirs. La journée entière on gardait ses chèvres *sub tegmine fagi*, en jouant du flageolet, et tout était dit. Les mœurs ont changé; et pourtant on retrouve dans notre espèce quelques souvenirs de cette cohabitation primitive avec la gent cornue..., par exemple, les coups de tête et les gants de chevreau.

(68). — **Les Chevaux du Diable.** — Ce sont des chevaux qui ont des ailes en guise de sabots; particularité qui ferait supposer que leur grand-père était hirondelle. Les services qu'ils rendent, moyennant une modification anatomique aussi légère, sont incalculables. Ils n'usent pas les pavés, ils ne coûtent rien chez le maréchal-ferrant. S'ils vous ruent dans la figure, à peine vous sentez-vous chatouillé par quelques barbes de plume. Mais où ils triomphent, c'est à la chasse aux alouettes..... D'où vient qu'une race si précieuse se soit perdue? Les naturalistes ne le disent pas... Et pourtant, quand on y songe, c'était la seule qui devait échapper au déluge.

69

(69). — **Un satyre.** — Dans les temps mythologiques, les satyres étaient employés à chasser les nymphes; non pas chasser dans le sens de renvoyer, mais dans celui de poursuivre et prendre. Mais aujourd'hui que, grâce à la Société d'acclimatation, les nymphes, tout à fait apprivoisées, n'habitent plus les bois, on laisse se perdre l'espèce des satyres. Aurait-on besoin, par exemple, d'entretenir une meute pour forcer des lapins de choux?

Vers de la cellule n° 14

Avant l'habit qui le recouvre,
Ce réduit était gai — gai comme une prison.
Mais vous êtes venus, peintres de Barbison,
Et votre cachot est un Louvre.

JULES CLARETIE.

MÉDITATION AU N° 14

J'avais pensé me révolter
Contre l'arrêt qui me condamne,
Et d'un vers sanglant molester
Mon sergent-major, que Dieu damne !

Mais les peintres ont escompté
Ma colère sur leur palette ;
Les poëtes m'ont dégoûté
De suivre leur veine indiscrète.

Ils n'ont déjà que trop sali
Le mur (en vers faux) de leur peine,
Quand d'autres l'auraient mieux rempli
Des grâces de la forme humaine.

Et toute ma rancune meurt,
Je ne maudis plus la consigne,
Je chante d'une douce humeur
Le sergent-major et la vigne.

La vigne et le sergent-major !
Le printemps et les jeunes femmes,
La rose et puis la pipe encor,
Tout ce qui parfume les âmes !

X***

LE TAMBOUR-MAJOR

Le haut tambour-major est passementé d'or
Immense et moustachu, pour l'exhausser encor,
Sur son bonnet à poils un long plumet se dresse
Et le tambour-major pousse encor et sans cesse !
Sur un cric invisible il est de plus monté ;
Par un ressort caché, qu'il a dans le côté,
On le hausse d'un cran pour les grandes revues.
A son sommet qu'on doit avoir de belles vues !

FERNAND DESNOYERS.

Pourquoi ton aiguille, horrible boussole,
Marque-t-elle ainsi l'immobilité ?
Tu devrais courir, puisque le temps vole,
Et sonner l'instant de ma liberté.

Sous les verroux le chant des mariniers
M'arrive des bords de la Seine
Avec les parfums printaniers
Que, le soir, de sa douce haleine
La brise apporte aux prisonniers.

FRÉDÉRIC BÉRAT.

Aux splendeurs de la terre,
A l'or, aux plus purs diamants,
Qui ne préfère
La clef des champs?...

Dans ces réduits obscurs et solitaires,
Pauvre reclus, tu crois mourir d'ennui :
Prends un roman, lis les Trois Mousquetaires,
Le temps fuira, la tristesse avec lui.

Ami Dumas, merci du fond de l'âme,
Au prisonnier tu rends la liberté,
Mon cœur s'enivre....., etc.

Inclus à l'hôtel Darricau
A la suite d'un quiproquo,
Je pense à l'ami d'Héricaut.

MONSELET, *auteur rococo.*

MÉLANCOLIE

—

Je chante, et pourtant dans mon cœur,
Je sens une vague tristesse.
. . . .
. . . .
D'où vient cette lugubre voix?
. . . .
Est-ce de la captivité?
Est-ce d'un nuage qui passe?
D'un amour qu'on a maltraité?
De la vieillesse qui me chasse?

Non! mes juges sont indulgents,
Et demain je rouvrirai l'aile.
Le ciel est bleu, j'ai vingt-cinq ans
Et ma maîtresse m'est fidèle!

Mais, ô tristesse, tu sais bien
Nous dire dans la solitude
« Fais, toi qui du jour ne crains rien,
De demain ton inquiétude »

. . . .

. . . .

Mais où va ma triste raison
Chercher ces profondes chimères ?
Est-ce l'ennui de la prison
Qui donne ces rimes amères?

. . . .

Aime-moi, belle, c'est plus sûr !

De ton souffle viens effacer
Tous ces vers sortis de la tête,
Et laisse-toi prendre un baiser
Par l'homme qui rit du poëte.

EDMOND C...

27 juin, 49. — 21 heures.

*Amis, que ne suis-je le maître de l'*Hôtel
Des Haricots!
A la sauce maître d'hôtel
Je mangerais mes haricots!!!

LES RATS

Chanson du temps jadis

2°

Comme une girouette
Qui tourne à tout vent
Votre cœur pirouette
Sans attachement
Mais enfin tout ce tripotage
En un mot, ne me convient pas,
Car ce sont vos rats,
Qui font que vous ne dormez guère,
Mais ce sont vos rats
Qui font que vous ne dormez pas

3°

La jeune Lisette
Avec mille amants
Est une coquette
Qui passe le temps
A chanter danser rire et boire;
De l'amour, elle n'en a pas
Mais ce sont ses rats
Qui font qu'elle ne m'aime guère
Mais ce sont ses rats
Qui font qu'elle ne m'aime pas

LES PRISONNIERS

Les prisonniers de l'Hôtel des Haricots sont les plus étroitement gardés qui soient au monde, car ils se gardent eux-mêmes en renonçant à tous les bénéfices de l'évasion.

Latude, à la Bastille, était bien plus libre en ses allures, et s'était fait une vie autrement indépendante, quoi qu'en aient dit les historiens. Latude, qui s'est occupé pendant trente-cinq ans à s'évader, n'a pas eu le temps de s'ennuyer. On ne l'a jamais surpris à ne rien faire : quand il n'était pas à courir les champs pour dégourdir ses jambes et celles de la maréchaussée, il se donnait la distraction de fabriquer des échelles de soie avec des mèches de chandelle.

Pélisson, qui faisait de l'acclimatation en chambre, avait adopté une araignée et lui apprenait à danser le menuet. C'est ainsi qu'il échappait par l'illusion d'un bal aux horreurs du cachot.

On pourrait faire l'histoire des prisonniers célèbres à cette fin de montrer comme quoi ils ne sont célèbres que pour avoir été plus mal emprisonnés que les autres.

*
* *

La triste équipée, après tout, que d'escalader une fenêtre de l'Hôtel des Haricots, ou de creuser un souterrain de communication entre le préau et la rue voisine! De quel ridicule on se couvrirait à vouloir imiter le conventionnel Drouet qui, pris par les Autrichiens et incarcéré au Spielberg, se laissa choir en parachute du haut de la citadelle.

Nos mœurs se sont trop bourgeoisées, et d'ailleurs nous ne sommes plus assez forts en gymnastique pour nous livrer avec succès à des escapades aussi romanesques.

Et puis, vous n'auriez pas le temps d'enfanter un de ces vastes projets, que votre gardien vous offrirait avec un sourire cette clef des champs tant désirée qu'il porte toujours à sa ceinture. Seulement dans le cas où on aurait à vous reprocher un « commencement d'exécution », il vous serait présenté une petite note à payer pour frais de serrurerie et de terrassements. La belle avance!

Encore, si nous supposons que vous réussissiez dans une entreprise aussi inconsidérée, de deux choses l'une : ou vous serez repris chez vous, ou vous serez obligé de vous expatrier pour le reste de vos jours.

Évidemment, entre ces deux alternatives, il en faut choisir une troisième, qui est de se résigner et d'émailler de toutes les fleurs permises l'existence à mener entre les quatre murs fournis par l'administration.

Voyons, ne prenez pas un air désolé, et examinons ensemble les avantages d'une détention de vingt-quatre heures.

*
* *

Vous jouissez d'abord de l'immense douceur de rester au lit la matinée entière, tandis que dans la vie de tous les jours votre réveil est réglé suivant mille circonstances capricieuses; c'est le piano de la voisine, le porteur d'eau, la blanchisseuse, le facteur avec une lettre chargée, les pifferari qui nasillent leur chanson, votre femme qui gronde sa bonne, l'horloger qui règle votre pendule en lui faisant sonner cent-dix-neuf coups..... — Je ne connais rien de vos affaires — mais peut-être aussi le glas dont un créancier matinal a fait vibrer votre sonnette vous a-t-il soustrait quelquefois aux éblouissements d'un rêve californien.

Allons, dans Paris fiévreux, il n'y a vraiment qu'un petit coin où l'on puisse dormir tout son soûl, c'est l'Hôtel des Haricots.

Et quand, aux environs de dix heures, vous daignez ouvrir cette persienne naturelle appelée paupière, votre œil surpris entrevoit des perspectives inaccoutumées. Par exemple, celle d'une journée entière de *far niente*. — N'est-ce pas bon, cela ?

*
* *

Les bruits de la ville arrivent jusqu'à votre oreille... Ce sont des omnibus qui, en passant, imitent le roulement du tonnerre dans sa double période de *crescendo* et de *decrescendo*, des fiacres surmenés qui broient le pavé pour arriver à la Bourse un quart d'heure plus tôt ; des locomotives haletantes qui remorquent la province à Paris... Et vous, sybarite d'un jour, vous êtes là sur votre couchette, tranquille et béat comme un Turc sur un coussin.

Laissez faire ces gens qui courent et qui crient, et riez de leur folie. Ils vont à la récolte de l'or, avec lequel ils achèteront plus tard le repos dont vous jouissez gratis aujourd'hui. Car jusqu'à demain vous êtes « retiré des affaires. »

*
* *

Onze heures sonnent.

Vous sentez dans l'estomac de certains picotements, comme si vous aviez avalé une boite d'aiguilles anglaises. C'est l'appétit qui est venu en dormant ; l'appétit qui sonne à sa manière et plus fort que d'habitude l'heure du déjeuner. — Sur le bord des rivières l'air est toujours très-vif.

Ayez la bonté de vous mettre un peu sur votre séant. Là, à gauche, sur le mur, est la carte de la cantine, un petit carré de papier plein de promesses. Cinquante-six « objets de consommation » s'y trouvent annoncés avec le prix en regard. Vous n'avez qu'à choisir, faire un signe, et vous êtes servi.

L'Hôtel des Haricots est un des rares lieux du monde où l'on puisse manger à la fois dans sa chambre et au restaurant.

La gamme des prix s'élève depuis 10 centimes, le prix d'un croquet, jusqu'à 1 fr. 25, que coûte le quart d'un poulet rôti. Vous payerez 30 centimes les potages, 60 centimes un bifteck, 75 centimes un filet aux champignons, 1 franc un pigeon, 90 centimes un macaroni, 75 centimes une omelette au rhum, 20 centimes une saucisse, 50 centimes des haricots (le plat de la maison)... Les desserts présentent une aimable variété, et en cela ils contrastent vivement avec la série des poissons que représente à elle toute seule la raie (sans indication de sauce). La liste des liqueurs est aussi très-complète, tandis que celle des vins ne se compose que de trois espèces de bordeaux désignées par les prix de 1 franc, 1 fr. 50, 2 fr. 50... Il faut croire cependant qu'avec des protections et en se conduisant bien, on obtiendrait du bourgogne.

Vous pouvez donc vous faire servir à peu de frais un repas très-nourrissant et suffisamment délectable.

Dans le cas où vous auriez oublié votre bourse, le budget de l'État vous en tiendra lieu. Ce n'est pas à dire que vous serez comblé de truffes et d'ortolans et qu'on vous servira dans les vaisselles du garde-meuble ; mais au moins ne serez-vous pas abandonné aux tortures de la faim. Lisez plutôt l'article 17 du règlement :

§ XVII. « Les gardes nationaux détenus à la maison d'arrêt recevront, s'ils en font la demande par écrit, la nourriture accordée aux prisonniers. Cette nourriture se compose de cinq cents grammes de pain de munition et d'une soupe par jour. »

Au fait, les truffes font mal.

*
* *

L'ancien règlement de l'Hôtel des Haricots permettait aux prisonniers de déjeuner et de dîner ensemble. De là un nombre imposant de bouteilles vides que l'on trouvait sous la table après chaque repas.

C'était, en effet, entre compagnons de tristesse un échange empressé de petits et de grands verres, un feu croisé de toast qui se traduisaient en tapage et aboutissaient à mille folies. Considérez encore que le dernier couplet de la dernière chanson française n'était pas encore dit. Aussi les âmes rêveuses trouvaient peu leur compte dans ces festins bruyants.

Et puis on en était venu à préférer douze heures de Haricots à douze heures de garde ; par les temps de gelée, il n'y avait même pas à hésiter, car on pouvait deviner, sans le secours du thermomètre, que le vent soufflerait moins fort autour d'une table bien garnie de fioles que sur la place de l'Hôtel-de-ville.

*
* *

Au coup de midi — je parle du premier coup — la serrure de votre cellule fait entendre un cric-crac qui veut dire « allez vous promener », dans le sens poli du mot.

Toutes les portes vous sont ouvertes, hors celle de la rue, et vous pouvez prendre l'air au préau. C'est le plaisir qu'au collége on appelle récréation, à cela près pourtant qu'il n'est jamais grevé de pensums.

Cette demi-liberté, vous en jouirez pendant quatre heures, le temps convenable pour faire un peu connaissance avec vos co-détenus. Quatre heures, n'est-ce pas assez pour dire dans tous les styles que « les minutes sont longues sous les verroux. » Il n'y a que les avocats qui sauraient faire durer un plus long temps la démonstration d'une vérité aussi élémentaire. Encore est-il bon de fixer d'avance le moment où ils devront cesser de parler.

A quatre heures, vous reprenez donc le chemin de votre cellule dont la porte, après deux ou trois grincements, s'incorpore au mur et en acquiert la rigidité. En un mot vous êtes enfermé, ou autrement, dans l'argot des prisons, vous êtes *bouclé*.

*
* *

Le difficile maintenant est de gagner le moment du dîner. Vous avez bien la ressource de boire de l'absinthe à 30 cent. le verre : mais c'est un jeu dangereux et dont vous pourriez vous repentir sur vos vieux jours, si l'absinthe n'était l'élixir de *courte-vie*... Se faire un « cent de piquet » à soi-même? on est trop sûr de perdre... Regarder par la fenêtre est provincial en diable; et n'y pas regarder ne sera jamais une distraction.

*
* *

De deux choses l'une : ou vous êtes rentier ou vous avez une profession. Dans le premier cas l'oisiveté ne vous est pas à charge, car vous devez y être fait. Dans le second, on vous autorise à apporter vos outils — vos plumes si vous êtes homme de lettres, vos compas si vous êtes architecte, votre aiguille , si vous êtes tailleur..... — et ainsi vous vous trouvez tout armé pour tuer le temps avec permission de l'autorité...

Cependant on ferait peut-être des difficultés aux forgerons et aux pianistes dont les métiers sont bruyants.

Bientôt vient le moment de méditer le menu du dîner et de le faire exécuter. — Vous dînez, puis vous allez et venez une vingtaine de fois de la fenêtre à la porte (et réciproquement), ce qui vous tient lieu de promenade hygiénique ; puis vous avez encore, mais jusqu'à dix heures seulement, la liberté de lire, d'écrire, de fumer... etc...

*
* *

A dix heures : extinction des feux ! On vient vous retirer votre bougie et il ne vous reste plus qu'à vous coucher, dormir et rêver, s'il se peut.

Le rêve le plus ordinaire qui vous vienne assaillir à l'Hôtel des Haricots, consiste à se voir monter de grade en grade jusqu'à celui de l'officier qui vous a fait condamner ; tandis que, par un mouvement contraire, l'officier descend jusqu'au rang de simple soldat, ce dont vous profitez pour lui appliquer la punition qui vous a atteint. Mais voilà que ce jeu de bascule se reproduit à l'inverse : l'officier remonte, vous redescendez... Quand vous êtes au plus bas de votre course, et lui au plus haut de la sienne, vous sentez qu'il fait pleuvoir sur vous tout ce que le code de la garde nationale contient de plus amer...

Après une quinzaine de ces oscillations pleines d'anxiété, vous vous réveillez étourdi, et tout prêt à faire venir un notaire pour rédiger votre testament.

Voilà en quelques traits le tableau d'une journée à l'Hôtel des Haricots.

*
* *

Ce programme s'exécute chaque vingt-quatre heures sans variantes appréciables, et peut se recommencer jusqu'à vingt fois consécutives. Mais le cas est très-rare ; car, pour encourir une peine aussi sévère, il faut avoir déployé à fatiguer l'autorité un temps, une patience, une force de caractère, une imagination, on peut presque dire un génie qui ne sont pas à la portée de tout le monde.

*
* *

Et, en effet, l'autorité met beaucoup de mansuétude dans l'exercice de ses droits — l'indulgence est le parfum de la force, comme a dit le docteur Colline.—Vous l'allez voir par un chiffre dont l'éloquence est sans réplique . la moyenne des incarcérations est à peine de deux par jour... et l'effectif de la garde nationale de Paris se monte à plus de cinquante mille hommes. C'est-à-dire qu'il faut vraiment le faire exprès pour encourir la prison, quand mille moyens (entre autres celui de monter ses trois gardes par an) peuvent vous en sauver.

Autrefois, les conseils de discipline étaient autrement sévères. En ouvrant au hasard les registres d'écrou qu'on a bien voulu nous communiquer, nous avons trouvé que dans la seule journée du 31 octobre 1833, il était entré *vingt-six* prisonniers à l'Hôtel des Haricots.

*
* *

La garde nationale relève de deux juridictions : le conseil de discipline et la police correctionnelle.

Voici les articles de la loi relatifs à la manière dont fonctionnent ces deux tribunaux :

« Art. 76. — Les conseils de discipline peuvent infliger :

» 1° La réprimande ;

» 2° La réprimande avec mise à l'ordre des motifs du jugement ;

» 3° La prison pour six heures au moins et trois jours au plus avec ou sans mise à l'ordre ;

» 4° La privation du grade, avec mise à l'ordre ;

» 5° La radiation des contrôles avec mise à l'ordre. »

« Art. 83. — Après deux condamnations pour refus de service, le garde national est, en cas de troisième refus de service dans l'année, traduit devant le tribunal de police correctionnelle et condamné à un emprisonnement qui ne peut être moindre de six jours ni excéder dix jours.

» En cas de récidive dans l'année, à partir du jugement correctionnel, le garde national est traduit de nouveau devant le tribunal de police correctionnelle et puni d'un emprisonnement qui ne peut être moindre de dix jours, ni excéder vingt jours.

Voilà qui est parler sur un ton bien grondeur; mais c'est le ton obligé de tout code pénal. Et puis, comme nous l'avons dit, la rigueur de ces lois s'adoucit singulièrement dans la pratique; car il existe pour y parer une foule de moyens, très-usés mais toujours neufs, tels que les excuses présentées adroitement, et souvent écoutées avec bienveillance, les amnisties, les recours en grâce... tout un arsenal d'armes défensives.

Encore ce sont là les armes permises; mais il y en a d'autres d'un emploi plus illicite : car nous n'avons pas encore parlé des mille petites ruses inventées par des esprits pleins de malice et vraiment fertiles en expédients. Un cerveau de poëte, de sculpteur, de peintre ou de musicien dans lequel s'est implantée l'idée de résister à la garde nationale, présente tout à coup des phénomènes de fécondité qui rappellent les plaines de Normandie.

*
* *

Nous savons à ce propos quelques anecdotes que nous voulons conter, en les mêlant au récit d'aventures diverses, qui ont trait à d'autres parties du service. Ce n'est pas, tant s'en faut, de l'histoire contemporaine que nous allons faire, car la garde nationale, telle qu'elle est organisée aujourd'hui ne prête pas à rire. Les souvenirs que nous avons été déterrer dans les vieilles gazettes remontent généralement à une vingtaine d'années, c'est-à-dire à l'époque où messieurs de la milice affectaient un certain laisser-aller plein de fantaisie dans leur tenue, aussi bien que dans l'accomplissement de leurs devoirs militaires.— On voudra bien noter que nous avons déguisé sous des noms d'emprunt ceux de nos personnages qui sont encore vivants.

Cela dit en manière de préface, nous pouvons commencer.

Le dilettante bienfaisant. — Un compositeur de musique que nous appellerons Birmeinher — mais qui est beaucoup plus connu sous son vrai nom — avait longtemps résisté à l'étreinte de la garde nationale. Cependant il était si peu insaisissable qu'un matin le tambour de la compagnie dont il ne voulait pas faire partie, découvre son adresse et laisse chez son concierge une sommation en bonne forme d'avoir à comparaître devant le conseil de discipline.

Birmeinher ressent d'abord les angoisses d'un oiseau atteint d'un grain de plomb. Mais il a beau se désoler, puis entrer en rage, puis casser quinze cordes de son piano à vouloir mettre en musique tous les jurons de la langue française, il n'en est pas moins ce qui s'appelle en argot *pincé*...

..... Une idée saugrenue lui traverse pourtant la cervelle et il la retient au passage.

— Voyons, se dit-il, essayons d'un dernier moyen, et, s'il ne réussit pas, il sera encore temps de faire notre soumission.

Ce dernier moyen consistait à se procurer un chiffonnier suffisamment intelligent pour lui servir de sosie et à l'envoyer à sa place au conseil de discipline.

Et, en effet, l'audience étant ouverte, la première affaire appelée était justement l'affaire Birmeinher.

Ce nom, qu'un récent opéra avait rendu populaire, fit pousser à l'assistance un « ah ! » de curiosité qui se changea en un « oh ! » de stupéfaction à l'aspect délabré de l'inculpé.

— C'est bien vous qui êtes M. Birmeinher? dit le président, que l'ahurissement de la foule avait gagné.

— Tout de même, mon président.

— Pourquoi refusez-vous de faire votre service?

— Dame!... c'est pas à cause du service, c'est rapport à l'équipement qui est coûteux...

— On vous donnera trois mois pour vous habiller.

— Quand vous me donneriez trois ans, si vous ne me donnez pas aussi l'argent que ça coûtera...

Le président coupa court à ce pénible dialogue et il fut décidé que Birmeinher serait habillé aux frais de la compagnie.

Le faux Birmeinher s'en allait content comme un écolier qui a bien récité sa leçon, quand il fut rejoint dans la cour par un monsieur tout en larmes qui le traitait de maëstro.

— Pauvre maëstro!... en être réduit là; vous que nous

avons tant applaudi! Savez-vous que votre opéra de la *Fiancée sanglante* est une petite merveille de grâce, de sentiment, de couleur locale?

— Ma foi! non...

— Oui, oui, j'entends; vous êtes modeste. Eh bien! tant mieux vous irez loin. En attendant souffrez que j'admire le chœur des derviches de votre premier acte, la barcarolle du second, et surtout le duo final... Ma femme le chante, et à elle toute seule!... ah! dame! elle est obligée de s'y reprendre à deux fois...

(Ici le chiffonnier fit le geste qui veut dire : ça m'est bien égal!)

— Je ne sais, reprit le brave dilettante, si j'oserai jamais... mais bah! la société est si ingrate envers les artistes que vous ne repousserez pas l'obole d'un de vos admirateurs les plus sincères. Prenez! c'est toujours ça...

Et le bon monsieur tout en larmes s'esquiva en glissant une pièce de quarante sous dans la main du faux maëstro.

Naiveté de recors. — Un collectionneur d'autographes nous a montré la pièce la plus bizarre de son album. C'était un rapport, daté de 1833, et rédigé par un recors dans les circonstances suivantes :

Le recors s'était présenté chez un garde national réfractaire et l'avait arrêté, mais non sans peine. La scène avait été chaude et fortement assaisonnée de gros mots. Aussi le recors, qui n'avait pas pris le temps de remettre ses sens troublés, rédigea-t-il quelque chose d'assez gai qui se terminait par cette déclaration :

« ... Ledit sieur X..., en état complet de rébellion, et nous outrageant gravement, nous traitait de scélérat, de voleur et d'assassin de Louis XVI, *ce que nous certifions véritaþle, en foi de quoi nous avons signé.* »

ON NE PASSE PAS ! — Calino se présente à la grille des Tuileries et veut entrer dans le jardin.

— On ne passe pas ! dit le factionnaire.

— Tiens !... Et pourquoi ?

— Vous voyez bien que vous avez un paquet...

— Ce n'est pas un paquet, c'est un pliant que j'emporte tous les jours avec moi pour m'asseoir dessus quand je suis fatigué de me promener. Hier encore...

— Un pliant plié est un paquet... je ne connais que ma consigne.

— Ah !... fit Calino, et il s'en alla tout pensif.

— C'est particulier !... se dit-il après avoir fait une dizaine de pas dans la rue de Rivoli, voilà bien dix ans que je traverse tous les jours les Tuileries... ce diable de factionnaire devrait pourtant me reconnaître, depuis le temps qu'il me voit !

LAPSUS LINGUÆ. — Le capitaine Duval de Vire, qui servait dans la garde nationale à cheval, était un des trois ou quatre danseurs que se disputaient les salons. De 1830 à 1845, alors qu'on pirouettait encore suivant les règles de l'art, Paris dansant reconnaissait la toute-puissance de son jarret. Les hauteurs auxquelles il s'élevait lui avaient même valu tant d'envieux, que le bruit s'était répandu qu'il se chaussait d'escarpins doublés de caoutchouc. Car il en coûtait trop à ses rivaux d'assister à ses triomphes, et il fallait modérer par quelque trait malin la vanité qu'il en aurait pu tirer.

Je vous demande si le capitaine Duval de Vire aimait le bal ?... comme un peintre aime la peinture, un musicien la musique, et Mlle S... le banquier N... Il y passait les nuits, tant et si bien, que les jours de manœuvre militaire la fatigue de tout son être obstruait les facultés de son cerveau et qu'il ne montrait pas dans l'exercice de ses fonctions cette prestesse d'esprit à laquelle on reconnaît les tacticiens.

Bien plus, il arrivait souvent que sa langue *fourchait*, comme on dit ; infirmité qui se traduisait par des pataquès de l'école de : *le voili, qu'il est jola !* (pour le voilà, qu'il est joli !), *un mou de veau* (pour un mot de vous), *trompez sonnettes !* (pour sonnez trompettes !)

Or, un matin qu'il venait de faire six heures d'entrechats, le capitaine n'eut que le temps de vite changer de costume pour aller prendre le commandement de son peloton, qui devait figurer à une revue du Champ-de-Mars.

Au moment de se mettre en marche, M. Duval de Vire serre les flancs de son cheval, aspire une grande quantité d'air, ouvre une large bouche, mais au lieu de commander « par quatre en avant !... » il se met à crier : « *En avant quatre !...* »

Ce souvenir de la contredanse eût provoqué un considérable éclat de rire, n'était le respect dû à un supérieur. Cependant quelques cavaliers qui avaient mal compris, partirent au galop ; d'autres ne bougèrent, pensant que le capitaine voulait plaisanter ; un troisième parti se forma même qu'on pourrait appeler le parti de l'hésitation, et en un rien de temps la belle ligne droite que présentait l'escadron se changea en une courbe fantasque comme la signature d'un grand homme.

Pourtant, il faut le reconnaître, M. le capitaine Duval de Vire se tira aussi bien que possible de sa mésaventure :

— Pardon, Messieurs, vous vous trompez... Je vous commande : *en avant quatre...* et vous *balancez*.

UN REMPLAÇANT. — Rabourdin avait été condamné à quatre jours de Haricots.

Parbleu! pensa-t-il, voilà une fameuse occasion d'aller dîner avec Gavet et de me donner du bon temps... Voyons, nous disons quatre jours pour la prison, quatre autres jours pour le dîner avec tout ce qui s'en suit, souper, déjeuner, etc... Cela nous fait une jolie semaine, bien complète... Je vais dire à ma femme que j'ai huit jours de prison à faire; et ainsi elle ne saura rien des noces et festins que je médite.

Madame Rabourdin, c'est une justice à lui rendre, poussa de grands cris quand elle vit partir son mari, et s'efforça en conscience de pleurer, ce à quoi elle ne réussit pas trop mal du tout.

Mais attendez... quand vous aurez vu le fond du cœur de madame Rabourdin, vous direz vous-même si elle était sincère.

Rabourdin vous semble fort en arithmétique... Eh bien! ce qu'il n'avait pas calculé, c'est le temps qu'il passerait à festiner. Il avait compté quatre jours de bombance, il en dépensa sept ou huit.

Cependant le directeur de l'Hôtel des Haricots, ne voyant pas venir le prisonnier qu'on lui avait annoncé, l'envoie quérir par les recors. Ceux-ci se présentent à son domicile dont ils ont toutes les peines du monde à se faire ouvrir la porte... L'heure est matinale; madame Rabourdin est drapée dans un peignoir léger (qui du reste lui sied à ravir); sur un canapé se prélasse M. Arthur qu'à sa robe de chambre, à ses pantoufles, à son air *chez lui* les recors prennent pour le maître du logis.

— Monsieur, veuillez vous habiller et nous suivre.

— Mais qui êtes-vous?... et que veut dire?...

— Nous sommes les agents de la force publique chargés de vous conduire à la maison d'arrêt de la garde-nationale...

— Ah! fit madame Rabourdin en tombant évanouie.

— Mais, messieurs, dit monsieur Arthur, très-troublé, je vous avouerai que... je ne suis pas M. Rabourdin! Et au nom de ce qu'il y a de plus sacré, pour l'honneur d'une femme...

— Très-bien! très-bien!... en attendant vous allez nous suivre... nous la connaissons cette plaisanterie-là; elle est vieille...

Et de fait, monsieur Arthur fut bel et bien incarcéré.

— Pourtant, dit un matin Rabourdin à Gavet, il faudrait penser à se faire boucler... et il partit résolûment pour l'Hôtel des Haricots.

— Votre nom, s'il vous plaît? lui dit l'employé chargé de tenir le registre d'écrou.

— Rabourdin.

— Rabourdin!... c'est impossible!

— Ah! mais...

— Puisque vous êtes déjà en prison.

— Vous m'étonnez beaucoup!

— Au surplus, on peut vous confronter avec monsieur Rabourdin qui est justement au préau... Venez, suivez-moi.....

A un signe d'intelligence de monsieur Arthur, Rabourdin comprit que l'ami de sa femme qui était aussi son ami avait substitué sa personnalité à la sienne et faisait par dévouement ses quatre jours de prison. Cette belle action le toucha, et il fut convenu que pour reconnaître un aussi bon procédé, à l'avenir Rabourdin endosserait toutes les condamnations de son ami.

Grave imprudence! A partir de ce moment, monsieur Arthur se signala par de nombreux actes de révolte qui lui valurent autant de condamnations. Et le bon Rabourdin, fidèle au marché conclu, passait sa vie sous les verroux de la garde-nationale.

LA CAVALCADE IMPRÉVUE.— Le temps est superbe; la revue sera belle, car on ne rencontre par les rues que bataillons et escadrons étincelants dont les armes reflètent cent mille fois le soleil et réduisent ses rayons en poussière d'or. C'est au point que les alouettes de la plaine Saint-Denis, croyant à une chasse au miroir, se sont transportées au Champ-de-Mars dont elles fatiguent les échos de leurs cris étonnés.

Pourtant M. des Fabliaux ne sera pas de la fête, car il est en voyage, et son uniforme de garde national à cheval passera toute la journée au porte-manteau... C'est grand dommage!

Mais que disons-nous là? il y a moyen de combler le vide

que laissera M. des Fabliaux dans son escadron. Le jeune Isidore des Fabliaux, dadais de vingt ans, imagine en effet de coiffer le schapska et de pouiller la veste à brandebourgs de son père, puis de ceindre son grand sabre, le tout en cachette, et d'aller proposer ses services à l'escadron paternel.

Il ne lui manque plus qu'un cheval. Mais où s'en procurer? Les jours de fête tous les manéges sont vides.

Cependant le jeune Isidore finit par découvrir au fond d'une écurie des Champs-Élysées un chétif bidet.

— C'est une bête sûre, lui dit le loueur; elle a fait longtemps un service dans les omnibus, ce qui l'a rendue très-résignée aux coups de fouet... Je ne vous la donne pas pour brillante; mais au moins elle ne rue jamais.

— Et puis vous n'en avez pas d'autre.

— Pas d'autre!

— Allons, il faut bien s'en contenter.

Et voilà le jeune Isidore parti.

Sur le déclin de leur âge, les chevaux ont beaucoup de peine à changer leurs habitudes.

Aussi, au premier omnibus qu'elle rencontra, la pauvre bête se plaça à la tête des deux timoniers, comme si elle voulait, par camaraderie, les aider à remorquer la lourde voiture. M. Isidore lui présenta bien quelques observations à coups de cravache, mais son éloquence fut vaine; il essaya des éperons... les éperons ne mordaient plus dans la peau coriace de l'animal.

Quel parti prendre?... sauter à bas! mais quand on est si novice dans la cavalerie, c'est là une manœuvre à se casser une jambe... Non, il fallut se résigner. Et Monsieur Isidore des Fabliaux dut traverser Paris dans tous les sens. Tantôt il allait de Passy à la Bourse, puis de la Bourse aux Invalides; il parcourut aussi plusieurs fois les lignes Invalides-Panthéon, Odéon-Barrière-Blanche, les Ternes-Belleville...

Dialogue entre recors. — Tu as donc été ce matin arrêter ton particulier des Batignolles.

— Oui, mais faut voir comme ils m'ont reçu!

— Bien reçu?

— On a voulu me faire manger.

— Tu as de la chance, toi.

— Merci!... ils ont lâché leurs chiens qui bien sûr avaient le mot pour dévorer ton serviteur.

Une guérite nouveau modèle. — Les guérites ont en général le défaut de ne fermer que sur trois côtés; elles sont donc toujours exposées à un des quatre vents cardinaux.

L'invention d'une boîte moins aérée remonte à l'année 1845, et on en est redevable, non pas à un menuisier, mais à un avocat frileux, lequel en fit l'essai sur sa personne. Il est vrai que M. Charles L... alla expier en prison le tort de s'être moqué d'une routine en voulant déterminer un progrès; car c'est là le prix dont on paye le génie créateur depuis Christophe Colomb et Salomon de Caus.

Voici les faits :

Le 21 avril 1845, M. Ch. L... était commandé de garde au poste de l'État-major — en ce temps-là situé rue de Rivoli, dans la galerie attenante au pavillon de Marsan. — son tour de faction venait à quatre heures du matin, et, comme dans cette saison les nuits sont encore fraîches, la guérite fournie par le gouvernement lui apparut dans toute son imperfection native.

Mais le moyen de trouver mieux quand on n'a que deux heures devant soi et qu'on ne possède d'autres outils de menuiserie qu'un fusil et un coupe-choux.

Ne vous inquiétez pas de M. Ch. L...; il a son projet... En effet, un chiffonnier passe; notre factionnaire l'appelle et l'envoie lui chercher une voiture.

Le cocher, pris à l'heure, a ordre de stationner devant le poste et de ne faire aucun bruit.

Après avoir pris ces dispositions préliminaires, le factionnaire entre avec armes et bagages dans la voiture, s'y installe le plus commodément possible et, crainte du froid, loge ses pieds dans son bonnet à poil.

Maintenant la bise peut souffler, la patrouille peut passer, l'avocat ne s'en émouvra pas... il dort!

Cependant, huit jours plus tard, M. Ch. L... était appelé devant le conseil de discipline pour avoir à donner des explications sur sa conduite, qui avait été trouvée légère.

M. Ch. L... répondit par des paradoxes d'un calibre hors de toute proportion.

Sa plaidoirie est un monument de gaité qui provoqua un immense éclat de rire dans la presse française et étrangère. Paris s'en amusa huit jours, ce qui est le plus long temps que puisse durer un joujou parisien.

Nous allons donner quelques extraits de cette pièce curieuse, qui nous semble avoir conquis à tout jamais sa place dans les annales comiques de la garde nationale.

« ... J'avais été pris — dit M. Ch. L... — par un sommeil irrésistible. Pour ne pas exposer, dans ma personne, l'autorité à des insultes qui auraient pu m'être faites pendant que je serais resté endormi, je pris le moyen qu'on a indiqué. Il y avait un brave homme qui ramassait des curiosités dans le ruisseau; je l'envoyai me chercher une voiture; il m'offrit d'abord un cabriolet; mais je craignais de compromettre la dignité de mon uniforme en montant dans une voiture découverte. Je pris donc une petite voiture à quatre roues et à un cheval, très-bien fermée; je baissai les stores et je restai là en faction, croyant concilier ainsi mes devoirs avec le besoin impérieux qui me dominait...

» Je consultai d'ailleurs mon voisin, non pas un soldat

d'occasion comme moi, mais un vrai soldat, un homme de la ligne, un factionnaire sérieux, qui était de service à quinze pas de ma guérite, et ce généreux guerrier, compatissant à ma faiblesse, trouva que j'avais résolu le problème d'une façon heureuse.

» Et, en effet, Messieurs, n'étais-je pas à mon poste dans cette petite voiture? J'ai mesuré ce matin la distance : l'extrémité de la citadine n'était point à cinq pas de la guérite. J'étais donc dans le rayon, car nous avons quinze pas pour circuler. Le délit consisterait, non pas à avoir *abandonné* le poste, comme on me le reproche, mais à l'avoir rendu plus confortable et moins exposé à l'invasion. Car supposez une attaque, n'étais-je pas mieux dans ce blockhaus, dans ce petit fort détaché et roulant que dans ma guérite? J'y dormais, c'est vrai; mais j'aurais dormi à pied comme en voiture, et beaucoup moins commodément...

» Il y a d'ailleurs sur mon indisposition procès verbal irrécusable. Le rapport dit que le caporal m'a renvoyé chez moi; et, en effet, je suis venu dormir dans mon lit. Le caporal a donné l'ordre au cocher de me conduire à mon domicile, doucement, au pas, comme on mène les malades, sur la preuve acquise à mon aspect, et d'après les dépositions soit du vieux soldat mon voisin, soit du cocher, que j'étais dans un état digne d'intérêt. Comment se fait-il que la main de ce caporal ait pu rédiger un rapport si peu en harmonie avec l'émotion que semblait lui causer ma pâleur?

Au lieu de compatir à mes souffrances, me tendait-il un piége? Je ne puis le supposer, et je me refuse à croire qu'on doive appliquer soit à lui, soit à ses glorieux collègues dans la milice citoyenne, la flétrissure du poëte :

Timeo CAPORAUX, et dona ferentes.

M. Ch. L... fait valoir ensuite comme circonstance atténuante que son sommeil n'a pas mis la patrie ni le gouvernement en danger.

« Le gouvernement se portait à merveille — dit-il. — C'était comme dans *Télémaque :* « L'aurore avec ses doigts de rose ouvrait les portes de l'Orient, » lorsque, de son côté, le caporal entrouvrait la portière. L'horizon politique était aussi pur que le ciel. D'ailleurs le camarade de la ligne veillait, et, en cas d'alerte, il était en position de faire face à toutes les agressions; pour moi, j'aurais eu l'avantage qu'ont toujours les troupes fraîches sur les troupes harassées de fatigue.

« ... Après tout, Messieurs, si je réclame un acquittement que j'espère, ce n'est pas dans mon intérêt, c'est dans l'intérêt des principes, qui veulent qu'on ait le droit d'avoir sommeil et d'être malade, même sous l'épaulette de laine. »

Cette boutade pleine d'humour eut un prodigieux succès dans le public. Mais elle fut moins goûtée par le conseil, qui condamna le beau parleur à vingt-quatre heures de Haricots.

La nouvelle guérite inventée par M. Ch. L... ne fut donc pas adoptée; et ainsi l'ancien modèle a été conservé jusqu'à aujourd'hui; il est même probable qu'on n'y changera rien d'ici longtemps... à moins qu'on n'y ajoute un poële et des volets pour l'hiver.

UN DÉBUT DANS LA GARDE NATIONALE. — Tous les débuts sont pénibles; celui de Chauvinet, dans la garde nationale, causa beaucoup d'ennui à son capitaine.

Il faut savoir que Chauvinet, de son état graveur en taille-douce, était un « faiseur de charges » très-redouté dans son quartier; c'est lui, si vous vous le rappelez, qui pendait les chats aux sonnettes; c'est encore lui qui, le dernier, décrocha une enseigne.

L'histoire de ses démêlés avec la garde nationale serait longue... Mais voici comment elle se dénoua : Chauvinet, de guerre las, s'était résigné et avait accepté le fusil et le sabre-poignard qu'un matin lui avait apportés son tambour. Bien plus, il avait promis de se rendre à la revue qui devait avoir lieu le lendemain.

Le lendemain, en effet, sa compagnie se trouvait rassemblée sur la place Saint-Georges et n'attendait plus que le commandement du capitaine pour se mettre en marche.

Cependant Chauvinet manquait à l'appel et on allait partir

sans lui... quand on le vit tout à coup déboucher par la rue Notre-Dame de Lorette, suivi d'un bruyant état-major de gamins. Et il y avait parbleu bien dans sa tenue de quoi ameuter les passants. Son schako lui tombait dans la fosse du cou, sa tunique était déboutonnée; il avait le teint pâle, le regard fixe et donnait tous les signes d'une prochaine attaque d'épilepsie. La manière dont il portait son fusil était d'un fou; il le traînait derrière lui en le tenant par l'extrémité de la baïonnette, tandis que la crosse, montée sur deux petites roulettes, glissait sur le pavé.

A la vue de ce soldat de carnaval, un éclat de rire parcourut les rangs de la compagnie comme une traînée de poudre, depuis le numéro 1 jusqu'au numéro 102.

— Monsieur, dit le capitaine en s'avançant vers Chauvinet, cette conduite...

Chauvinet, pour toute réponse, met la main sur son cœur et jette les yeux au ciel.

— Si vous êtes malade, rentrez chez vous.

(Même geste de Chauvinet.)

— Allons, c'est une plaisanterie... Eh bien, soit! mais qu'elle finisse. Je vous prie d'entrer dans le rang. Voici votre place.

Chauvinet obéit comme une machine dont on pousse le ressort.

« En avant... arrrche!!! » — La compagnie se met en route. Mais voilà mon Chauvinet qui ralentit peu à peu le pas, si bien qu'il s'isole de plus en plus de ses camarades et que les badauds commencent à l'entourer en proférant mille saugrenuités.

(Nouvelles et sévères observations du capitaine. — Même geste de Chauvinet.) — Ah! ça, se dit le capitaine, il faut pourtant se débarrasser à tout prix de ce mauvais plaisant, et il donna ordre au tambour d'accélérer la marche en frappant sur sa caisse à coups plus serrés. Tactique excellente, car tout de suite on perdit de vue le mystificateur.

Il y avait peut-être une demi-heure que les légions de la garde nationale étaient rangées en bataille sur un des côtés du Champs-de-Mars, quand une grande rumeur se déclara dans la direction du pont d'Iéna. De loin on ne distinguait qu'une foule compacte qui s'avançait en poussant des hurlements... Cependant les plus clairvoyants ne tardèrent pas à reconnaître l'obstiné Chauvinet, qui, sans s'inquiéter de son cortége moqueur, allait toujours son petit train et marchait droit à sa compagnie.

Le capitaine, bleuissant de rage, apostropha rudement, quoique sans espoir de réponse, cette mécanique vivante qui semblait le poursuivre comme un spectre.

— Monsieur!!!...

(Même geste de Chauvinet.)

— Monsieur!!!... je ne puis tolérer plus longtemps cette comédie, et je vous somme d'entrer dans le rang et de vous y comporter décemment... c'est d'ailleurs le seul moyen qui vous reste de mettre fin à cette scène scandaleuse.

(Même geste de Chauvinet, qui obéit cependant.)

« Portez... armes! »

Pan!... un coup de fusil.

Chauvinet venait de tirer un coup de fusil en l'air; et resté immobile comme une statue au milieu de ses camarades effarés, il plongeait dans le ciel un regard interrogateur... « La baguette, disait-il entre ses dents, où est la baguette? »

Le soir même, la compagnie pétitionna en masse pour demander « l'expulsion d'un homme dangereux qui, non content de tirer des coups de fusil dans les rangs, avait l'imprudence d'oublier la baguette dans le canon de son arme. »

CINQ HOMMES ET UN CAPORAL. — Il est une heure du matin, il fait froid, il pleut... Les rues de Paris sont devenues de tels fleuves de boue, que les Parisiens, qui ne savent pas nager, ont pris le parti de rentrer chez eux.

Cependant le caporal Barbison suivi de quatre hommes fait sa patrouille, et les dix pieds de la petite troupe marchant dans les flaques d'eau troublent seuls le silence de la nuit.

PREMIER SOLDAT. — Savez-vous, caporal, que voilà un fichu temps!

— Je le sais, répondit Barbison, et ce qu'il y a de particulier, c'est qu'au moment où vous avez parlé, j'allais justement vous dire que voilà un fichu temps.

DEUXIÈME SOLDAT. — Les beaux esprits se rencontrent.

TROISIÈME SOLDAT. — Ce que je voudrais rencontrer, moi, c'est un abri.

QUATRIÈME SOLDAT. — Où il ne pleuvrait pas.

— Voyons, messieurs, êtes vous discrets?

LES QUATRE SOLDATS (comme un seul homme). — Oui!

— Eh bien! voici ce que nous allons faire : je demeure tout près, là à ce petit entresol, au coin de la rue... Nous allons monter chez moi nous sécher un peu, et faire un punch que nous boirons gaiement, puis nous rentrerons au poste dans une heure.

— C'est cela, bravo!... vive le caporal!

— Chut!... pas de bruit, s'il vous plaît; ma femme dort et il ne faut pas la réveiller brusquement; je la connais, elle est très-nerveuse. Du reste, attendez-moi cinq minutes sous la fenêtre, je vais monter devant et je vous appellerai quand tout sera prêt.

Le caporal avait à peine disparu dans l'escalier, que la fenêtre de sa femme s'ouvrait précipitamment et que *un monsieur*, enjambant le balcon, sautait dans la rue... au milieu de la patrouille.

Il est de suite entouré.

— Halte-là!

— Messieurs, de grâce!...

— Vous allez vous expliquer devant le caporal.

— Au nom du ciel ! lachez-moi... il s'agit de sauver l'honneur d'une femme ! !...

Sur ces entrefaites monsieur Barbison redescend dans la rue. Bien que la nuit soit noire, il distingue cinq ombres au lieu de quatre et s'avance intrigué.

Mais après avoir regardé l'intrus à la lueur d'un bec de gaz, il pousse un grand éclat de rire.

— Tiens ! c'est cet animal de Chamoiseau... Ah ! le farceur ! je ne sais pas comment il fait son compte, celui-là, mais quand il y a quelque chose à boire, il est toujours là.

Et ils remontèrent tous ensemble.

Le lendemain pourtant, madame Barbison fit une scène à son mari, se plaignant de ce qu'il amenait chez elle non-seulement le jour, mais encore la nuit, ce Chamoiseau *qu'elle ne pouvait souffrir*.

Au lecteur.

Monsieur le lecteur,

Si vous m'avez suivi jusqu'à cette page extrême, il faut que, bien certainement, vous soyez de mes amis. Je puis donc vous confier l'ennui qui me ronge; car voilà plus de trois heures que, de connivence avec mon collaborateur Morin, et sans qualité aucune pour oser tant, je me permets de vous tenir prisonnier dans cet Hôtel des Haricots dont vos vertus de garde national auraient dû vous épargner le déplaisir. Or, la loi a de grandes, mais de justes sévérités pour celui qui commet le crime de «séquestration»; et, n'était l'indulgence dont je vous sais capable, je courrais grand risque de m'être fait une fâcheuse affaire. Si donc il vous venait quelque jour l'envie de me dénoncer, avant d'agir, songez, je vous prie, aux longues heures de détention que nous avons dû, mon complice et moi, nous imposer pour relever sur place les croquis, et prendre les notes nécessaires à la confection de ce petit volume. Nous nous sommes incarcérés en réalité là où nous n'avons voulu vous enfermer qu'en imagination. — Fasse le ciel, et après lui votre sergent-major, que cette expiation anticipée suffise à votre ressentiment.

Agréez, etc. A. de L.

23 octobre 1864

GARDE NATIONALE DE LA SEINE

COMPOSITION

DE

L'ÉTAT-MAJOR GÉNÉRAL

Octobre 1864

M. le Général de division **MELLINET**, commandant supérieur.

M. le colonel ISNARD, chef d'État-Major.

COLONELS

MM. Comte de Nieuwerkerke.	MM. Baron Delage.
Comte Baciocchi.	Prince Napoléon Bonaparte.

LIEUTENANTS-COLONELS

MM Beauval.	MM. Nast.
Combe.	Munster.
Dreuilles.	

CHEFS D'ESCADRON

MM. Baron de Curnieu.
Jules David.
Comte de Chambray.
Comte de Fontette.
Mis. de l'Angle Beaumanoir.
Cte. de l'Angle Beaumanoir.
Baudouin de Mortemart.
Comte de Murat.
Levrat.
Blanche.
L'Heureux.
Baron d'Orgeval.
de Planard.

MM. Brun.
Bassompierre.
Vieyra.
de Colmont.
Saint-Aure d'Etreillis.
Daru (Charles).
Hermel (Achille).
Regnault.
Terra.
Wey.
Delchet.
Hughes.
Dollfus.

CAPITAINES

MM. Aclocque.
Baron Nivière.
Réquédat.
Audenet.
Jousselin.
Staub.
Duffié.
Girod.
Bartholdi.
Lesterpt.
Lafitte.
Vicomte de Richemont.
Borot.
Chauveau.
Vaunois.
Jarry.

MM. Rey.
Humbert.
Rainbeaux.
Comte de Luppé.
Pector.
de Montaut.
Ernault.
Rolland.
Lataud.
d'Aiguillon.
Conti.
Demay.
Anner.
Koller.
Duruy.
de Chamborant.

INTENDANCE MILITAIRE

MM. Blondel, intendant militaire.
Marty Mamignard, sous-intendant milit. de 1re classe, Insp. de l'armem. de l'habillem. et de la maison d'arrêt.

MM. Guastalla, s.-intend. milit.
Pittaud de Forges, id.

SERVICE DE SANTÉ

MM. Deguise, inspecteur général.
Filhos, chirurgin principal.
Huguier. id.
Conneau. id.
Villette de Terzé, chir.-major.

MM. Philipeaux, chirurg.-major.
Tenain. id.
Molin. id.
Behier. id.
Moynier. id.

JURY DE RÉVISION

MM. le colonel Isnard, président.
le Lt-col. Beauval, vice-prés.
N. Command. rapport.

MM. Petit-Bergonz, capit. rapport.
Meunier, capit. secrétaire.
Mollet, cap. secrét. adjoint.

Inspecteur de la discipline, M. Hautefeuille, chef d'escadron.

BUREAUX

Secrétariat et service M. Bomier, secrétaire général.
Discipline. M. Dreuilles, chef.
Comptabilité. M. Losserand, chef.

MAGASIN CENTRAL DE L'ARMEMENT

M. Depâris, capitaine d'artillerie, directeur.
M. Fourgous, id. direct.-adjoint.

MAGASIN CENTRAL D'HABILLEMENT ET D'ÉQUIPEMENT

M. Moniot, directeur.

MAISON D'ARRÊT

M. Van Heddeghem, directeur.

TABLE

—

FIN.

Paris. — Imprimerie VALLÉE, 15, rue Breda.

www.ingramcontent.com/pod-product-compliance
Ingram Content Group UK Ltd.
Pitfield, Milton Keynes, MK11 3LW, UK
UKHW020150220726
13923UKWH00001B/464

9 782019 3156